Edition Paashaas Verlag

EPV

Titel: **Bittersüß**
Autor: Marcus Watolla
Erweiterte Neuauflage März 2021
Covermotiv: Andreas Hermsdorf / pixelio.de
Autorenfoto: Joshi-Art photography
Covergestaltung: Michael Frädrich
Korrektur: Harry Michael Liedtke/Nina Sock
Printed: BoD GmbH, Norderstedt

www.verlag–epv.de

ISBN: 978-3-96174-083-3

Für Jacqueline

Die Deutsche Nationalbibliothek verzeichnet diese Publikation in der Deutschen Nationalbibliografie; detaillierte bibliografische Daten sind im Internet über http://dnb.d–nb.de abrufbar.

Bittersüß

Satirisches Zeug

FSC
www.fsc.org
MIX
Papier aus verantwortungsvollen Quellen
Paper from responsible sources
FSC® C105338

Inhaltsübersicht

Verhexte Technik

Als ich mir ein neues Handy mit Sprachfunktion kaufte, war ich stolz. Ich programmierte es, spielte daran herum und verbrachte fast einen ganzen Tag damit. Abends, als meine Freunde vorbeikamen, wollte ich es vorführen.
Ich nahm das Gerät und sprach: „Verbinde mich mit meiner Mutter."
„Verbinden mit Jutta", antwortete es.
Jutta war meine Ex-Freundin. Sie hatte echt Haare auf den Zähnen, daher war auch unsere Beziehung vor knapp einem Monat böse auseinander gegangen.
„Nein!", rief ich, „Kommando zurück!"
„Freizeichen bei Jutta", sprach das Handy.
„Ja, hallo?", meldete sie sich am anderen Ende der Leitung.
„Äh ... ja ... Hallo, Jutta", stammelte ich, „... hier ist Dirk ... ich ... ich ... äh ..."
„Du hast ja Nerven, hier wieder anzurufen", keifte sie. „Bist du besoffen?"
„Äh ... nein ... falsch verbunden!"
Ich legte auf. Meine Freunde krümmten sich vor Lachen.
„Jetzt aber", sagte ich und ging noch näher an das Mikrofon heran. Sprach überdeutlich: „Verbinde mich mit Heinrich."
„Verbinden mit Polizei", bestätigte das Gerät.
„Nein!", rief ich panisch, doch es war schon zu spät.
„Der Notruf der Polizei in Gladbeck!", meldete sich eine sonore Stimme.
„Ich habe mich verwählt", stammelte ich. „Ich wollte eigentlich jemand ganz anderes haben ..."

„Junger Mann“, schimpfte der Polizist, „ich sehe Ihre Nummer im Display. Das kann teuer werden!“
Kleinlaut entschuldigte ich mich und legte abermals auf. Resigniert sah ich meine Freunde an.
„Versuche es doch mal mit etwas Leichtem“, sagte mein Kumpel Eddy. Er streckte die Hand aus, nahm mein Handy und sprach: „Verbinde mich mit Zuhause.“
„Verbinden mit Zuhause“, antwortete das Handy. „Freizeichen bei Zuhause.“
Schon klingelte mein Festnetzgerät. Eddy legte auf, sah mich grinsend an.
„So geht das, du Schlumpf!“
Er gab mir das Telefon zurück. Jetzt wollte ich es wissen.
„Verbinde mich mit Eddy.“
„Verbinden mit Jutta!“, bestätigte es.
Mir standen die Haare zu Berge.
„Nein!“, schrie ich. „Auflegen! Stopp!“
„Ja? Hallo?“, meldete sich Jutta am anderen Ende der Leitung.
„Äh ... ja ... hallo ... ich ... ich bin's noch mal ...“
„Was willst du, du Irrer??“, keifte sie. „Ich liebe dich nicht mehr. Ich habe einen neuen Freund!“
„Aber ... aber ... ich ... ich ...“
„Willst du ihn sprechen?“, knirschte sie. „Der verhaut dich! Er kann Karate!“
Schnell legte ich auf. Sah mit hochrotem Kopf zu meinen Freunden.
Die amüsierten sich königlich. Zeigten mit dem Finger auf mich. Bogen sich vor Lachen. „Unser Telefongigolo!“ und „Du bist ja ein richtiger Handystalker.“

Verärgert legte ich das Handy auf den Tisch, holte mir erst einmal ein Bier. Als ich zurückkam, hatte Klaus das Gerät in den Händen.
„Verbinde mich mit der Auskunft!“, befahl er.
„Verbinden mit Auskunft!“, wiederholte das Handy treu.
Schon meldete sich auf der anderen Seite der Leitung eine nette Mitarbeiterin. Klaus legte auf.
„Ich glaube, du machst irgendetwas falsch, mein Lieber“, kicherte er.
Ich schnappte mir das Gerät und sprach: „Verbinde mich mit der Auskunft!“
„Verbinden mit Polizei!“, antwortete dieses dämliche Ding.
Verzweifelt und panisch versuchte ich die Leitung zu kappen, doch es war schon zu spät: „Der Notruf der Polizei in Gladbeck!“
„Oh Gott!“, entfuhr es mir. „Ich wollte doch gar nicht ... Ich hatte nicht vor ... Das ist mir jetzt aber ...“
„Sie schon wieder?“, brummte der Beamte. „Jetzt ist es aber langsam nicht mehr lustig!“
„Entschuldigen Sie!“, hörte ich mich sagen. „Falsch verbunden!“
Ich legte auf.
Resigniert betrachtete ich dieses dämliche Teil.
„Vielleicht hast du eine zu fistelige Stimme“, grinste Klaus.
„Oder du lispelst zu sehr“, kicherte Thomas.
Ich trank das Bier aus und betrachtete das Handy nachdenklich.
Was machte ich nur falsch? So etwas konnte doch nicht sein!
Dann hatte ich plötzlich den Schalk im Nacken. Ich trank ein Bier auf ex, nahm das Handy, rülpste in das Mikrofon und grinste meine Freunde schadenfroh an.
Das Gerät bestätigte plötzlich: „Verbinden mit Jutta!“
Panisch starrte ich auf das Display.
„Nein! Nicht Jutta! Kommando zurück!“

„Du schon wieder?“, kreischte sie mir schon am anderen Ende der Leitung entgegen. „Na warte, du Arsch! Hier ist mein Freund!“
„Was willst du Flachpfeife von meiner Freundin?“, drohte mir da eine männliche Stimme. Sie klang echt mächtig und riesig. „Wir wissen, wo du wohnst! Ich drehe dir den Stiel aus der Birne!“
„Aber ... ich ... aber ...“
Schnell legte ich auf, tobte: „So ein Mistteil! Das ist doch Mist! Verarscht mich dieses Handy jetzt? Bestimmt! Das lasse ich mir nicht bieten!“ Ich streckte den Finger aus, drohte dem Gerät: „Du wirst mich noch kennenlernen! Du ... du ... du Schrotthandy ... du schrottiges!“
Meine Freunde amüsierten sich königlich.
Voller Wut pfefferte ich das Telefon in die Ecke.
„Verbinden mit Jutta!“, sprach es plötzlich.
„Um Gottes willen!“, entfuhr es mir, doch bevor ich bei dem Mistteil war, meldete sich meine Ex schon wieder.
„Mein Freund ist bereits zu dir unterwegs, du Vollarsch!“, drohte sie. „Dafür wirst du bluten! Niemand verarscht eine Jutta Schnippke!“
Ich legte auf, sah meine Freunde an.
„Ich muss umziehen“, bibberte ich.
Klaus betrachtete mich nachdenklich.
„Lass dich noch einmal mit Jutta verbinden.“
„Bist du irre?“
„Nein, ich habe da eine Vermutung!“
Ich nahm das Gerät, sprach: „Verbinde mich mit Jutta.“
„Verbinden mit Mutter.“
Verdattert sah ich die anderen an. Noch bevor die Leitung stand, unterbrach ich allerdings wieder. Ging zum Abfalleimer, öffnete ihn und ließ das Handy hineinfallen.

„Mir reicht es!“, rief ich. „Arrivederci, du Ding aus der Hölle!“
„Verbinden mit Polizei!“
„Nein!“
„Der Notruf der Polizei in Gladbeck!“
Panisch fingerte ich im Abfalleimer herum, bekam das Gerät aber nicht zu fassen.
„Sie schon wieder?“, knurrte der Polizist. „Ich glaube, wir schicken mal eine Streife herum!“
Ich unterbrach.
„Jetzt lande ich schon im Knast wegen dir, du verfluchtes Handy!“, brüllte ich, bar jeder Beherrschung. „Nur, weil du mich nicht magst! Was habe ich dir denn getan?“
„Verbinden mit Jutta!“
Ich brüllte wie ein Schimpanse, riss den Akku heraus und schmiss alles mit Nachdruck in die Tonne. Schwer atmend stand ich davor und starrte auf die Bauteile.
„So“, brabbelte ich, „jetzt wollen wir doch mal sehen, wer hier das letzte Wort hat ...“
Ich holte das Handy wieder heraus, setzte den Akku ein, schaltete es an.
„Du willst mich kleinkriegen? Da kennst du mich aber schlecht!“
In diesem Moment klingelte es. Ich schrak hoch. Sah meine Freunde an.
Ich öffnete. Ein Riese stand vor mir.
„Bist du Dirk?“, grunzte er.
Ich nickte.
Mit einem wohlgezielten Schlag traf er mein Nasenbein, brach es. Dann ein fieser Schlag in die Magengegend und ich lag am Boden.
In panischer Furcht nahm ich mein Handy.
„Verbinde mich mit der Polizei!“, rief ich verzweifelt.

„Verbinden mit Gay-Hotline!“
„Ja? Huhu, Süßer!“, erklang es zuckersüß aus dem Apparat.
Eine wohlige Ohnmacht holte mich ein, erlöste mich aus dem ganzen Wahnsinn.

Freitag, der 13.

Der Wecker klingelt. Ich setze mich im Bett auf. Ein Blick auf den Kalender verrät: Freitag, der 13.
Na, Gott sei Dank bin ich nicht abergläubisch! Ich will das Bett verlassen, trete erst einmal herzhaft in eine weiche, warme Masse, die zwischen meinen Zehen nach oben quillt. Verdammt, hat die Katze wieder einmal Beschwerden wegen des Katzenklos? So muss der Tag anfangen.
Ich humpele zum Badezimmer, verfange mich mit dem Bein in dem Staubsaugerkabel, strauchele, falle. Im letzten Moment finde ich Halt an der Fensterbank. Reiße den Kaktus mit den langen, spitzen Stacheln herunter. Er fällt mit mir. Im Reflex versuche ich ihn aufzufangen. Er landet mit den Spitzen direkt in meinen Händen. Aua!
Ich erhebe mich, humpele zur Toilette. Natürlich ist kein Klopapier mehr da. Also wasche ich mir die Exkremente mit warmem Wasser ab. Stelle den Kaktus wieder an seinen Platz. Ein Blick in den Spiegel offenbart mir: Es wird wieder Zeit für eine Rasur. Doch zuerst: Zähne putzen.
Ich nehme die elektrische Bürste, drücke einen Streifen Pasta darauf, stecke sie mir in den Mund. Dann ein Blitz.
Ich habe das Gefühl, meine Zähne fliegen raus. Die Haare stellen sich aufrecht. Das Licht flackert.
Als ich zu mir komme, liege ich am Boden. Ich brauche einige Minuten, bis ich wieder weiß, wie ich heiße und dass ich hier ja wohne.
Dann fällt mir siedend heiß ein, dass ich zur Arbeit muss. Ich flitze aus dem Wohnzimmer, trete wieder in die Katzenscheiße.

Verdammt!
Ich humpele zurück ins Badezimmer. Wasche mich. Eile zum Kleiderschrank, zerre einen Anzug hervor. Ziehe ihn an. Als ich den Knopf der Hose schließen will, reißt der ab. Fluchend suche ich nach einem neuen Anzug. Mir fällt ein, dass ich ja nur einen habe. Dann eben ein guter Pulli und Buntfaltenjeans.
Ich stürme aus dem Schlafzimmer. Trete wieder in die Katzenscheiße.
So ein Mist!
Ich wechsele die Socken und wetze ins Wohnzimmer. Wo sind meine Auto- und Wohnungsschlüssel? Ich finde sie unter den leeren Pizzakartons auf dem Tisch, direkt neben den leeren Bierflaschen.
Ich verlasse die Wohnung. Bemerke, dass es an den Füßen kalt ist. Da sehe ich es: Ich habe meine Schuhe vergessen! Also wieder hinein. Wo sind die Gamaschen nur? Ich suche im Wohnzimmer, ich suche im Badezimmer, suche im Schlafzimmer und trete erst einmal wieder in die Katzenscheiße.
Das gibt es doch nicht!
Nachdem ich wieder saubere Socken anhabe – leider sind es keine schwarzen, neutralen mehr, ich hatte nur noch die pinkfarbenen, getupften meiner Freundin – finde ich auch meine Schuhe. Im Kühlschrank. Ich sollte das Saufen sein lassen ...
Ich stürme aus dem Haus, knalle die Tür hinter mir zu. Und da bemerke ich es: Ich habe meine Schlüssel drinnen liegen lassen. Auto- und Wohnungsschlüssel.
So ein Mist!
Gott sei Dank wohne ich im Erdgeschoss! Ich kletterte auf den Balkon. Will über die Brüstung klettern, da gibt es ein reißendes Geräusch. Meine Hose! Egal! Ich sehe mir die Balkontür an. Fest

verriegelt. Sehe mir das Fenster an. Es steht auf Kipp. Na, dann wollen wir mal: Ich stemme mit dem Arm gegen das Glas.
Nichts bewegt sich.
Ich drücke etwas fester.
Nichts.
Mit roher Gewalt presse ich und setze alle meine Kraft ein. Plötzlich gibt die Scheibe nach. Kippt nach innen. Ich, durch meine eigene Kraft ungebremst, falle kopfüber ins Wohnzimmer. Lande hart auf dem Kopf.
Als ich zu mir komme, brauche ich einige Minuten, bis ich wieder weiß, wie ich heiße und dass ich ja hier wohne.
Bis repetita non semper placent! Der römische Dichter Horaz hat recht: Wiederholungen gefallen nicht!
Benommen torkele ich in die Küche.
Was wollte ich denn noch gleich? Ach ja: Die Schlüssel!
Ich eile ins Wohnzimmer. Nichts. Eile ins Badezimmer. Nichts. Eile ins Schlafzimmer. Trete erst einmal herzhaft in die Katzenscheiße!
Das gibt es doch nicht!
Ich wasche den Schuh ab, ziehe ihn wieder an. Es reißt der Schnürsenkel. Woher jetzt Ersatz nehmen? Ich habe doch noch meine Slipper. Dann sieht man zwar die bunten Socken, aber das ist mir jetzt egal. Ich suche sie. Finde sie hinter der Couch. Ziehe sie an. Finde auch meine Schlüssel und wetze aus dem Haus.
Ein Blick auf die Uhr verrät mir, dass ich noch ganze zehn Minuten Zeit habe, dann ist Dienstbeginn. Ich schmeiße mich hinter das Lenkrad meines Autos. Fahre los. Überfahre ein Stoppschild, rase durch die Dreißigerzone und komme an eine rote Ampel.
Und ich warte.
Und warte ...

Und warte ...
Verdammt! Die muss doch einmal grün werden. Ein vorsichtiger Blick links, ein vorsichtiger rechts. Dann gebe ich Gas. In diesem Moment fährt ein kleiner Fiat in die Kreuzung. Ich bremse. Aber zu spät. Ein Knall. Blech verformt sich. Glas splittert.
Die Oma hinter dem Steuer ballt die Faust. Droht mir.
„Junger Mann! Ich hatte grün!“
Resigniert sinke ich am Steuer zusammen. Das musste ja auch noch passieren! Die Polizei ist sehr gründlich. Alkoholkontrolle, Beweisaufnahme, Zeugenbefragung.
„Das wird teuer“, warnt mich einer der Beamten.
„Ich weiß“, seufze ich.
Als alles geregelt ist, hetze ich weiter. Ohne Auto! Komme auf der Arbeit an. Mit einstündiger Verspätung. Mein Chef sieht mich streng an.
„Müller! Ich habe Sie im Auge!“
Als ich an meinem Platz sitze, blicke ich auf den Tischkalender: Freitag, der 13.
Ich hätte es ja wissen müssen ...
Schon klingelt mein Telefon. Ich nehme ab. Es ist Bianca, meine Freundin.
„Hallo, Süßer“, flötet sie, „ich wollte dir nur sagen, dass ich dich über alles liebe! Noch einen schönen Tag!“
Was für ein Glückstag ...

Letzte Gedanken

Ein Typ sucht mit seinem Auto einen Parkplatz. Er sucht und sucht und findet plötzlich ein Auto, das scheinbar aus einer Parklücke fahren will. Der Fahrer des anderen PKW hat das Licht und den Motor eingeschaltet, aber er fährt nicht aus der Lücke.

Und der Typ wartet und wartet und wartet …

„So ein blöder Blödmann!“, schimpft der Typ und er hupt ungeduldig.

Einmal.

Zweimal.

Dreimal.

„Fahr schon, du inzestuöse Schwuchtel!“, brüllt der Typ. „Oder hast du Beton an den Reifen?“

Plötzlich steigt ein Hüne von Kerl aus dem parkenden Auto. Der Fremde hat einen kahlen Schädel und Oberarme wie Arnold Schwarzenegger. Er ist bestimmt zwei Meter groß und sieht echt gruselig aus. Er kommt direkt auf den Typ zu. Der Typ kriegt große Augen, denkt: Der schlägt mir jetzt den Schädel ein! Denn er weiß, dass solche kahlköpfigen Schläger meistens Neonazis sind, die ein ungelöstes Aggressionsproblem haben. Der zerkratzt mir bestimmt den Wagen, denkt der Typ und beginnt zu zittern. Der wird mir die Scheiben einschlagen! Und nirgends ist Polizei zu sehen!

Sicherheitshalber verriegelt der Typ sein Auto. Er hat echt Schiss. Der könnte mit seinen Muckis locker meinen BMW in ein Matchboxauto verwandeln!, denkt der Typ panisch. Erst mein Auto und dann … mich killen? Ich hätte nicht

hupen sollen … nicht fluchen und schimpfen … der Kerl dreht mir den Stiel aus der Birne!
Der Typ wird in seinem Sitz immer kleiner.
„Es tut mir leid!“, will er rufen. Schreien. Brüllen. Doch Angst schnürt seine Kehle zu. „Bitte tu mir nix!“, winselt er nur leise. Sein Herz rast und sein Zittern wird immer stärker.
Der Typ denkt: Dieser verkappte Schläger hat bestimmt schon zig Menschen auf dem Gewissen. So, wie der guckt. So eiskalt und brutal!
Der Typ beginnt zu schwitzen. Ja. Er schwitzt all sein schlechtes Gewissen aus, schwitzt in seine teuren Sitzpolster. Seine Gedanken rasen: Autofahrer sind doch alle finstere Schläger, die ihr Recht mit Fäusten, Baseballschlägern und Brechstangen durchsetzen! Er wird mich töten!
Er schickt ein Stoßgebet gen Himmel und hofft, dass ihm die Schutzengel hold sind. Er hofft, dass ihn sein großes Maul nicht ins Nirwana bugsiert. Oder in die Walhalla? Oder sonst wohin, wo er hinwandelt, wenn er draufgeht.
Er schwört, nie wieder die Fresse aufzureißen, wenn ihm etwas nicht schnell genug geht. Er schwört, er wird ab jetzt lieb und artig sein; Hauptsache er überlebt diesen Stunt!
Der Glatzkopf kommt immer näher.
Hoffentlich braucht der Rettungswagen nicht zu lange, wenn ich blutend auf der Straße liege, spricht er sich innerlich Mut zu. Er steht halb vorm Hyperventilieren. Da können wenige Minuten zwischen Leben und Tod entscheiden! Er schluckt hart. Der dreht mir den Schädel aus der Verankerung und spielt damit Fußball.
Der Typ hat das Gefühl, als donnere ihm gleich sein Herz durch die Rippen nach draußen. So doll schlägt es. Er

schwitzt immer noch, ganz zu schweigen vom Zittern und Bibbern, das ihn nach wie vor heimsucht. Er fühlt sich wie ein Zitteraal, der sich selbst in den Arsch gebissen hat.
Ich habe keine Chance gegen den, denkt er panisch, als er die Oberarme des Hünen sieht, der wird mich ausquetschen wie eine Zitrone! Sein Adrenalinspiegel steht so hoch, wie bei einem Junkie. Ein Königreich für einen Stahlhelm! Ach was – Stahlhelm? – für eine komplette Ritterrüstung!
Der Hüne erreicht die Höhe vom Typ, sieht ernst durch die Scheibe nach innen.
Oh Gott!, denkt der Typ. Der zermahlt mich zu feinem Sand! Er wird in seinem Sitz immer kleiner. Und ich habe kein Testament aufgesetzt! Wer bekommt denn jetzt meinen geliebten Plüschhund?
Schwarzenegger klopft gegen die Seitenscheibe.
Der Typ sieht sein Leben an seinem geistigen Auge vorbeiziehen. Großer Gott! Er wird mich töten! Er hat schon mit seinem Leben abgeschlossen. Hoffentlich ist noch Platz im Himmel für mich!
Mit bebenden Fingern drückt er die Fensteröffnung. Summend fährt das Glas hinab, entblößt den Typen vor dem Muskelberg.
Wenigstens hatte ich ein erfülltes Leben, ergibt er sich seinem Schicksal. Hoffentlich tötet er mich schnell …
Er sieht seinem "Verderben" ins Antlitz.
Der Hüne lächelt plötzlich milde und streckt dem Typen einen kleinen Zettel entgegen und sagt: „Ich habe noch einen Parkschein, da sind noch dreißig Minuten drauf. Wollen Sie den haben?"

Verdattert nimmt der Typ den Zettel und bedankt sich. Fährt die Seitenscheibe wieder hoch und sagt: „Das will ich dir auch geraten haben, du inzestuöse Schwuchtel!“

Southern Comfort und Grazien

Ich hasse diese offiziellen Termine. Da wird Hinz und Kunz geladen, um sich den Magen vollzuschlagen und die Chefs duschen im Eigenlob. Da muss man mit vielen fremden Leuten an der Tafel sitzen und zeigen, wie gut man mit Messer und Gabel umgehen kann.

Ja.

Die ganze Abteilung ist da. Da ist Willers, dieser Schleimer. Wenn der läuft, rutschen die nachfolgenden Menschen auf seiner schmierigen Spur fast aus. Ein ewiger Duckmäuser mit Hang zur Selbstaufgabe.

Und da, da ist Frau Krämer. Ihr Motto: Nach oben buckeln, nach unten treten. Dabei hält sie sich für unwiderstehlich und sexy. In Wirklichkeit hat sie den Reiz eines vollen Aschenbechers.

Schräg links vor mir sitzt wenigstens ein Sonnenschein; die blutjunge Praktikantin Fräulein Derderhausen. Zumindest eine Augenweide …

Etwas rechts vor mir sitzt so ein Schmock, so ein Haut-, Haar- und Pflegemittel-Bubi. Alter: schwer schätzbar. Bestimmt verbreitet der hier den Gestank von penetrantem Parfüm … Ist der etwa geschminkt?

Unglaublich!

Hilfe! Ich will hier nicht sein!

Der Hauptgeschäftsführer, dieser glatzköpfige, eitle und eklatant nach Schweiß stinkende Gockel am Mikrofon erzählt denselben Blödsinn wie jedes Jahr. Dabei ist er sich

nicht zu schön, seine angeblichen Verdienste besonders hervorzuheben. Gleich kotze ich!
Da hilft nur eines: ein Southern Comfort. Ist heute schon mein fünfter, aber anders lässt sich diese Trauernummer nicht ertragen.
Ja … Fräulein Derderhausen, so jung, so süß und so unverdorben. Ob sie wohl einen Freund hat? Ihr Lachen hat etwas elfenhaftes, etwas so reines und mitreißendes. Sie ist so schön und natürlich.
Aber warum sehne ich mich nach solchen Dingen? Sie ist maximal zwanzig und ich über vierzig. Außer Träumereien und erotischen Gedanken unter der Dusche wird da nichts laufen, so viel steht fest.
Also bleibt mir nur noch der Suff. Mittlerweile habe ich schon den achten Southi gekillt. In diesem Zustand ist mir wenigstens der ganze Blödsinn hier egal. Ach ja, Southi, mein geliebter Freund. Du hast mir schon so manche unangenehme Situation gerettet.
Was ist das? Da unten, an meinem Knie?
Ein Fuß?
Tatsächlich!
Er kriecht langsam höher, streichelt meinen Innenschenkel und liebkost ihn. Ich schiele hinab und sehe die nackten Zehen. Völlig verdattert glotze ich meinen Tischnachbarn gegenüber an. Es ist ein alter Herr im Frack, bestimmt schon zweihundert Jahre alt. Der wird das bestimmt nicht gewesen sein, oder?
Vielleicht dieser Haut-, Haar- und Pflegemittel-Bubi? Er isst konzentriert ein Steak und scheint mich nicht zu beachten.

Ein Ablenkungsmanöver? Vielleicht ist dieser Dummbeutel ja ein guter Schauspieler …?

Oder ist es die Göttin, Fräulein Derderhausen? Sie sieht zu mir herüber. Lächelt. Dann lässt sie sich wieder von ihrem Tischnachbarn volllabern. Sie lacht. Wirft ihren Kopf nach hinten. Ihre lange, blonde Mähne fliegt.

Oh lieber Gott, bitte, bitte, bitte! Lass diesen Fuß ihr gehören!

Der wandert inzwischen höher, streichelt und liebkost meinen Schenkel und erreicht meine Männlichkeit. Stocksteif sitze ich da und überlege krampfhaft, wie ich reagieren soll. Was ist, wenn es doch die Mumie ist? Was, wenn es die Parfümpest ist? Aber was mache ich, wenn es in der Tat Fräulein Derderhausens zarter Fuß ist?

Die Zehen kraulen inzwischen liebevoll mein Gemächt. Ich weiß immer noch nicht, ob ich erregt oder aufgebracht sein soll. Weiß nicht, ob ich geschmeichelt oder zornig sein soll. Verdammt! Eine dumme Situation!

Hastig kippe ich den Southern Comfort hinunter und meine Gedanken rasen. Scheußlicher Kerl oder herzallerliebste Praktikantin? Alter Sack oder blutjunges Mädel? Was mache ich, wenn es einer der grauslichen Typen ist? Was aber, wenn sie es ist? Wie verschweige ich meiner Frau eine Affäre? Die hört doch das Gras wachsen! Die Läuse wandern! Sie wird es herauskriegen! Ach was, ich verlasse sie! Sie kann das Haus und die Kinder haben! Ich konnte die Kinder sowieso nie so recht leiden! Von mir aus kann sie auch das Auto haben! Werde dafür Fräulein Derderhausen heiraten!

Ja!

So mache ich es!

Halleluja!
Ein perfekter Plan!
Ich bin erregt. Bin voller Leidenschaft. Spüre meinen Herzschlag und eine Gänsehaut jagt mir über den Rücken.
Oh du! Du Anbetungswürdige! Du Grazie! Du filigranes Wesen! Ich werde dich reich beschenken. Werde dir die Welt auf einem silbernen Tablett darreichen. Du hast alles Gold und Geschmeide verdient. Ich werde dich in die höchsten Höhen heben. Werde dir gottgleiche Namen geben!
Oh du!
Du … du stehst auf und gehst. Und der Fuß ist immer noch in meinem Schritt. Entsetzt sehe ich mich um. Da sehe ich es; der alte Sack im Frack zwinkert mir zu und haucht mir Küsschen zu.
Oh mein Gott!
Entsetzt springe ich auf. Pralle gegen den Kellner. Der kippt sein volles Tablett über den Hauptgeschäftsführer. Biere und Cocktails ergießen sich üppig über ihn. Er starrt zornig zu mir herüber.
Der Hauptgeschäftsführer glotzt ungläubig zwischen mir und seinem besudelten Jackett hin und her. Seine Frau tupft mit einem viel zu kleinen Taschentuch über seinen Schoß. Versucht das Gröbste zu beseitigen.
„Martin!“ ruft sie ärgerlich. „Kann man dich denn nicht eine Minute alleine lassen?“
Mit hochrotem Kopf ziehe ich mich zurück. Gott sei Dank bin ich so pralle, dass ich nur die Hälfte davon mitbekomme. Lang lebe der Southern Comfort.
Als ich vor dem Eingang stehe, entzünde ich mir erst einmal eine Abregungs-und-Herunterkomm-Zigarette. Und danach

noch drei weitere. Langsam gehe ich zum Taxistand und denke nach. War ja wieder mal typisch. Die Schöne geht mir durch die Lappen und stattdessen verliebt sich eine Vettel in mich.

Der Soundtrack meines Lebens.

Wie gesagt: Ich hasse diese offiziellen Termine.

Die Totgeglaubte

Als Paul den Anruf von Maria bekam, war er sofort in reger Aufregung.

„Ich versuche, seit gestern Abend deine Mutter anzurufen. Sie geht nicht dran. Jetzt stehe ich vor ihrer Haustür. Der Hund bellt wie verrückt, aber sie macht nicht auf! Ihr Postkasten ist überfüllt, das ist doch untypisch für sie! Ich weiß nicht, was ich tun soll!“

Paul kannte Maria als bodenständig und zuverlässig. Sie hatte keine Spinnereien im Kopf oder faselte irgendeinen Unfug, wie manch anderer. Sofort war er alarmiert. Hektisch zog er sich an, fluchte über die zu enge Hose und die unhandlichen Schuhe.

Von seiner Wohnung brauchte er bestimmt eine halbe Stunde zu seiner Mutter. Selbst, wenn er raste wie ein Geisteskranker, würde er die Strecke nicht viel schneller schaffen.

Paul zog die Wohnungstür hinter sich zu und fluchte abermals.

Er hatte die Schlüssel zum mütterlichen Appartement vergessen.

Als er sie endlich gefunden hatte, wetzte er zum Auto. In der Tat war es ungewöhnlich, dass sie den Hund bellen ließ und die Post nicht geholt hatte. Das ließ sie normalerweise nie schleifen.

Besorgt stieg er in den Audi und startete den Motor.

Er fuhr auf die Hauptstraße, bemerkte, dass er zu schnell war und bremste ein wenig. Was machte es für einen Sinn, wenn er sich auch noch kaputtfuhr?

Seine Mutter war jenseits der siebzig. Sie war auch nicht mehr die Jüngste. Zudem hatte sie Last mit Bluthochdruck und dem Herzen. Paul hatte sich bereits ein paar Mal Gedanken darüber gemacht, wenn dieser Fall, ein absoluter Supergau, passieren würde. Doch bis jetzt war es nur reine Theorie gewesen.
Was machte er, wenn aus dieser Theorie der Ernstfall wurde?
Ja.
Er hang an seiner Mutter. Auch, wenn sie im Alter schwierig und manchmal unausstehlich war, liebte er sie. Sie war schließlich seine Mutter. Und von der hatte man halt nur eine …
Manchmal, wenn er am Ende des Monats finanziell klamm war, steckte sie ihm den einen oder anderen Geldschein zu. Sie war irgendwie auch immer da für ihn. Einen Vater hatte Paul nicht mehr. Der war gestorben.
Hatte die Mutter nicht von einer Männerbekanntschaft erzählt? Sie hatte jemanden kennengelernt beim Hundegassi. Oder war es beim Einkaufen?
Verdammt!
„Ich sollte besser zuhören“, schollt er sich.
Er raste wieder. Bemerkte es an der Tachonadel und reduzierte ein zweites Mal die Geschwindigkeit. Vor einer roten Ampel blieb er stehen.
Was dauerte denn das so lange, verdammt?
Als ob in der Ampel eine boshafte Seele saß, die nur darauf wartete, einen Eiligen wie ihn zu quälen … Dennoch wartete er geduldig, bis sie auf grün umsprang und fuhr dann weiter.
Hätte er vielleicht die Feuerwehr anrufen sollen?

Die Polizei?
Nein. Er zwang sich zur rationalen Ruhe. Erst wollte er mit seinem Ersatzschlüssel in die Wohnung.
Ja, Paul machte sich wirklich ernsthafte Sorgen um sie.
Er bemerkte, wie sehr er zitterte und mit dem Bein einen wilden Takt spielte. Letzteres machte er immer, wenn er nervös war. Andere hatten sich über diese Marotte schon lustig gemacht.
Heute war es todernst.
Was war, wenn Mama nicht mehr war?
Was war, wenn ihr etwas Schlimmes zugestoßen war?
Was war, wenn sie tot war?
Fort mit diesen Gedanken! Bloß nicht bekloppt machen! Es gibt bestimmt eine harmlose Erklärung!
Nur – welche?
Paul bog auf die Straße ein, auf der seine Mama wohnte. Mit zitternden Händen schaltete er in den dritten Gang und fuhr weiter.
Wenn ihr etwas passiert war, würde ihn das fertigmachen! Seine geliebte Mama! Seine über alles verehrte alte Dame!
Er bog nach links auf den Hof ein. Maria kam ihm schon aufgeregt entgegen.
„Der Hund bellt die ganze Zeit!“, schluchzte sie. „Da stimmt doch was nicht!“
Mit zusammengekniffenen Lippen stieg Paul aus und verriegelte den Wagen hinter sich. „Lass uns mal nachsehen.“
„Ja“, hauchte sie.
Er schloss unten auf und sie liefen die Stufen hinauf, bis zur ersten Etage. In Gedanken sah er sie schon tot da liegen. Die Augen weit aufgerissen und der Körper verkrampft.

Er schloss die Wohnungstür auf und lauschte.
Ein regelmäßiges metallisches Quietschen kam ihm entgegen. Es kam aus dem Schlafzimmer.
Verdattert sah er Maria an. Die zuckte die Schultern.
Auf leisen Sohlen schlichen sie zur Schlafzimmertür. Sie war, bis auf einen schmalen Spalt, geschlossen.
Paul legte die Hand auf die Türklinke und sah noch einmal unsicher zu ihr. Sie nickte ihm aufmunternd zu.
Mit einem Ruck riss er die Tür auf und erstarrte.
Seine Mutter lag im Bett.
Auf ihr ein fremder Mann. Beide waren sie nackt. In grenzenloser Verzückung schnauften, stöhnten beide und gaben sich ihrem amourösen Liebesspiel hin. Verloren sich in Lust und Leidenschaft.
Mit hochrotem Kopf schlug Paul die Tür wieder zu und sah Maria bedröppelt an. Die verstand nicht.
„Was ist? Ist sie …?“
„Äh … äh … nein … sie … sie ist … äh … äh … sie hat …“
Er fuhr sich mit den Fingern seiner Rechten grinsend über die Augen. Schüttelte erleichtert den Kopf. Atmete befreit durch. „Ihr geht es gut. Besser, als uns sogar!“ Er legte den Zeigefinger auf die Lippen und lotste sie möglichst leise aus der Wohnung.
Als sie unten vor dem Haus standen, schüttelte Paul lachend den Kopf. „Ich sollte wirklich besser zuhören ...“
Maria konnte sich auch kein Grinsen verkneifen. „Sie scheint ja eine Genießerin zu sein.“
Säuerlich verzog Paul das Gesicht. „Bitte! Du redest da von meiner Mama!“
„Aber wenigstens lebt sie.“

Er nickte und sah seufzend zu ihrem Fenster hinauf. „Ich sollte wirklich besser zuhören …“

Von Fußball und Meuchelmord

Gleich spielte Deutschland gegen England. Ein Klassiker, freute sich Jacqueline. Sie hatte sogar ihr Trikot mit der Originalunterschrift von Thomas Müller angezogen. Das war etwas, was sie sonst nie tat, war ihr dieses Shirt doch heilig. Sie stellte Chips auf den Tisch, öffnete einen teuren Rotwein (obwohl Bier besser passen würde) und schaltete den Fernseher ein.

Jeden Moment ging es los.

„Schatz?", meldete sich Marcus aus der Küche.

„Ja?"

„Was ist besser? Tomaten oder Gurken zum Salat?"

Jacqueline schüttelte den Kopf. „Beides!"

Das Spiel wurde angepfiffen. Eine weite Flanke nach vorne. Der deutsche Stürmer übernahm. Spielte vorbei an zwei Verteidigern, kam dem Tor sehr nahe und …

„Schatz?", fragte Marcus. „Wo sind die Hefeweizenbiergläser?"

„Im Hochschrank."

Weiter ging es. England hatte den Ball. Der Stürmer dribbelte an der Verteidigungsmauer vorbei. Der deutsche Rechts-Außen-Verteidiger foulte ihn. Freistoß.

„Schatz?"

Jacqueline verdrehte die Augen. „Was ist jetzt?"

„Warum bist du denn so zänkisch?", murrte er beleidigt.

Jacqueline seufzte und fragte gespielt freundlicher: „Was ist, mein Liebling?"

„Weißt du, wo ich Onkel Berties Schnupftabakdose hingetan habe?“
Das ist nicht sein Ernst, dachte sie erbost. Doch weiterhin freundlich sagte sie: „Sieh mal im Vorratsschrank nach.“
Zurück zum Spiel. Englands Stürmer stürmt vor. Durchbricht die deutsche Verteidigung. Nur noch ein Mann kann ihn stoppen. Junge! Junge! Ist das spannend! Und nun …
„Schatz?“, fragte Marcus.
Nur ruhig bleiben, dachte sie, für Totschlag bekommst du ein paar Jahre Knast … Wobei: Man könnte hier bestimmt von Notwehr sprechen …
„Ja?“
„Kennst du Onkel Berties Telefonnummer?“
Wer, zum Henker, war Onkel Bertie?
„Nein!“
Jacqueline sah zum Fernseher. Plötzlich stand es 1:0 für Deutschland.
Wieso?
Weshalb?
Warum?
Sie schickte ein paar giftige Blicke zu Marcus, der leise summend nach etwas suchte und nichts von dem Unheil in seinem Rücken ahnte. Er drehte sich zu ihr um, interpretierte ihren Blick wohl falsch und hauchte ihr ein Küsschen zu. Jacqueline knirschte mit den Zähnen.
Aber egal.
Weiter.
Die Deutschen haben den Ball. Der Spieler dribbelt los. Gibt eine weite Flanke nach vorne. Dort wird das Ei professionell angenommen. Der Angriff wird weiter vorangetragen. Er-

reicht den Strafraum der Tommys. Der englische Defensivspieler kontert, nimmt den Ball ab. Doch der Deutsche gibt nicht auf. Er …
„Schatz?“
Innerlich ermordete sie ihn. Langsam. Qualvoll.
Äußerlich blieb sie Lady. „Ja?“
„Trage ich heute Abend eher was Schwarzes oder was Graues?“
„Was meinst du denn?“
„Im Grauen sehe ich dick aus“, sagte er und streichelte wie zur Bestätigung über seine Plauze. „Und im Schwarzen wirke ich krank und blässlich.“
„Ziehe das Schwarze an“, sagte sie ruhig.
„Aber ich …“
„Zieh-das-Schwarze-an!“, knurrte sie drohend.
Marcus merkte wohl, dass er sich auf sehr dünnem Eis bewegte. Er zog sich zurück.
Mittlerweile hatte sich das Glück auf deutscher Seite gewendet. Die Briten spielten im Strafraum der Löw-Elf. Man schoss eine astreine Flanke. Übernahm sie. Schoss auf das Tor. Jacqueline blieb das Herz fast stehen.
„Schatz?“
Das darf doch nicht wahr sein!!, dachte sie verzweifelt und rief: „Nein! Ich weiß nicht, ob Onkel Bertie schwul ist oder gerne im kurzen Schwarzen durch die Gegend tanzt. Und ich weiß auch nicht, ob du im rosa Tütü oder in grauer Lederbuchse besser aussiehst!“
„Hast du deine Tage?“, erkundigte er sich. Es sollte wohl ernsthaftes Interesse und Sorge beinhalten. Doch Jacqueline war so sauer, dass sie nur laut aufschnaufte.

Marcus zog sich lieber zurück.
Und im Spiel stand es plötzlich 2:0 für Deutschland.
Sie sackte ein Stück in sich zusammen.
Dieser Blödmann!
Dieser Kretin!
Konnte er sich nicht auch für Fußball interessieren und einfach nur die Klappe halten? Jedes Gericht in Deutschland hätte sie freigesprochen, wenn sie ihm den Schädel eingeschlagen hätte, in erwürgt oder sein Herz herausgerissen und darauf einen Rachetanz getanzt hätte.
Gelbe Karte für Götze. Elfmeter für die Briten. Verdammt! Jetzt wurde es kitzelig. Der Schiedsrichter gibt den Ball frei. Der britische Spieler nimmt Anlauf. Der deutsche Torwart angespannt. Jacqueline auch. Er schießt und …
„Schatz?"
„Was?"
„Guck mal, ich habe mir in den Finger geschnitten und das blutet!"
Jacqueline knurrte: „Dann hol dir ein Pflaster aus dem Hochschrank."
„Aber … aber ich blute …"
Sie musste die Fäuste ballen. Ging in die Küche, holte ihm ein Pflaster. Legte es ihm sogar auf. Dann pflanzte sie sich wieder vor den Fernseher.
Und – es stand 2:1. In ihren Gedanken und Wünschen lynchte sie ihn. So richtig mit viel Blut und Geschreie. Mit Schächtung und mehrfachen Knochenbrüchen. Sie würde es ganz langsam machen, damit er auch viel davon hätte ... Gegen sie wären die Schrecken des Dante ein Trauerspiel. Apropos Spiel: Es ging weiter.

England hatte den Ball. Eine weite Flanke nach vorne. „Das war doch abseits! Mann, Schiri! Bist du blind?“ Empört sprang sie auf. Ballte die Fäuste. Wollte gerade etwas unflätiges brüllen, da hörte sie es wieder: „Schatz?“
Sie schloss genervt die Augen. Setzte sich wie ein nasser Sack auf die Couch. Also, wenn es jetzt keinen Grund für einen Meuchelmord gab, wann dann?
„Was ist?“, knurrte sie miesgelaunt.
„Wie viel steht es?“
Wie viel es steht?? Wie viel es steht? Sie packte die Vase auf dem Tisch. Wenn sie ihn diese über den Schädel ziehen würde, wäre endlich Ruhe. Ja.
Ruhe.
Stille.
Frieden.
Wenn sie ihm das Küchenmesser in den Rücken rammen würde, würde man ihn bestimmt bis zum nächsten Morgen nicht finden. Sie könnte seine Leiche ja nachts wegschaffen, in die Tierverwertungsanstalt. Dann würde man aus ihm Hundefutter machen und sie könnte endlich das Spiel sehen …
Sie wurde aus ihren Gedanken gerissen, als er fragte: „Warum grinst du so breit?“
„Habe nur an dich gedacht …“
Er missverstand es. „Das ist lieb von dir.“
Schließlich setzte er sich zu ihr auf die Couch, hielt seinen verwundeten Finger hoch, als hätte er dort eine Hauptschlagader getroffen. Zerknirscht sah sie ihn an.
„Ich blute halt“, sagte er lapidar, als er es bemerkte.
Jacquelines Aufmerksamkeit ging wieder zum Fernseher.

Inzwischen war die Halbzeit eingeläutet worden. Es kam eine Werbung für Insektenschutzmittel.
Jaaa, dachte sie verzückt, das ist es: Ich nehme Gift. Da hat er länger was von …
Während der gesamten Werbepause sagte dieser Volltrottel kein Wort. Er betrachtete seinen Finger mit wehleidiger Miene und pustete ein paar Mal darauf.
Jacqueline hätte ihn ihm am liebsten abgeschlagen. Mit einem Messer. Mit einem Hackmesser. Mit einer Axt. Mit einer Kreissäge. Mit Dynamit.

Die zweite Halbzeit begann.
Das Spiel wurde angepfiffen und die beiden Parteien rangen erbittert um den Ball. England ging aus diesem Duell als Sieger hervor. Sie trugen den Angriff voran. Der Verteidiger rechts außen wurde überrannt. Die Tommys kamen bis in den Sechzehn-Meter-Raum. Der Brite holte aus, trat gegen den Ball. Der flog auf das deutsche Tor zu und …
Nichts.
Marcus sagte nichts.
Gar nichts.
Kein Sterbenswörtchen.
Verdattert schielte sie zu ihm herüber. Er studierte eine Zeitschrift und hielt dabei den verletzten Finger ab wie eine feine Kaffeetante, die erlesenes Gebäck zum Tee aß.
Sie betrachtete ihn. Wenn er nicht so eine Nervensäge wäre, wäre er eigentlich perfekt. Er war einfühlsam und lieb, treu und vor allem: Man konnte sich eigentlich immer auf ihn verlassen, wenn man ihn brauchte.
Sie lächelte milde.

Egal, ob es jetzt 3:0 oder 3:3 stand. Egal waren ihr Fouls und Elfmeter, Freistöße und Abseitsregelung.
Er blickte auf, sah ihr Lächeln und stutzte. „Hat Deutschland gewonnen?“, fragte er verdutzt.
„Nein“, lächelte sie lieb, „ich habe gewonnen.“

Verloren in Prag

Mist!! Jetzt habe ich mich verlaufen! Mitten in Prag!
Und nirgends ist ein Schild oder eine Angabe, wo ich hin muss!
Mist!
Ich hätte Jacqueline diesen Urlaub ausreden sollen. Warum sind wir nicht nach Berlin oder Dresden gefahren? Oder nach Bottrop-Kirchhellen? Da versteht man uns wenigstens.
„Ich glaube, hier sind wir falsch“, sagt sie und sieht mich ernst an. „Haben wir uns verlaufen?“
Schnellmerkerin, denke ich und mache ein wichtiges Gesicht. „Das haben wir gleich!“
Hier laufen ja auch genug Leute herum, die man fragen kann. Neben mir steht eine dicke Frau mit Blümchenkleid und Kopftuch. Die frage ich einfach mal. Auch, wenn sie eher aussieht, wie eine Tapete aus den Siebzigern.
„Entschuldigen Sie?“, sage ich höflich.
Ein scheeler Seitenblick.
Sie ignoriert mich.
Also etwas lauter: „Entschuldigen Sie bitte?!“
Sie dreht sich um, verschwindet im Getümmel. Lässt mich einfach stehen.
Frechheit!! So eine Xanthippe!
Jacqueline sieht mich bedrückt an. „Wir werden hier sterben!“
„Niemand wird sterben“, erkläre ich im Brustton völliger Selbstsicherheit, „hier laufen doch auch noch andere Menschen herum!“

In Wirklichkeit habe ich weiche Knie.
Da stehen ein paar junge Menschen an einer Sitzbank. Die sehen doch nett aus. Ich gehe herüber, tippe einem auf die Schulter. Der dreht sich um und mustert mich eindringlich.
„Dürfte ich Sie mal was fragen?“
Auf Russisch, Bulgarisch oder keine Ahnung was sonst, wohl aber eher auf Tschechisch, murmelt er etwas und verschränkt vielsagend die Arme vor der Brust. Seine Augen taxieren mich mit einer Mischung aus genervt und unfreundlich.
„Sprechen Sie deutsch?“, gebe ich nicht auf.
Er sagt abermals etwas in seiner ureigenen Eingeborenensprache zu seinen Kollegen. Die lachen und schütteln die Köpfe. Langsam kommt mir hier alles spanisch vor, oder tschechisch? Mögen die hier keine Deutschen?
Egal!
Ich gebe nicht auf.
„Parlez-vous francais?“, versuche ich es. Doch mir fällt ein, dass ich ja gar kein Französisch kann. Hoffentlich dieser Schmock auch nicht …
Zum Glück schüttelt er sein langhaariges Haupt. Sagt etwas zu mir, das wenig freundlich klingt. Es könnte: „Lass mich bloß in Ruhe, du dämlicher Vogel“, oder „Du hast einen zu kleinen Schwanz!“, bedeuten.
Ich spüre, wie mir die Zornesröte ins Gesicht steigt.
Diese Kein-Deutsch-Sprechende-und-überaus-unverschämte-tschechische-Blödbirne lacht und schüttelt abermals den Kopf.
Sollte das jetzt heißen: „Verlaufe dich mal ruhig und sterbe hier“?

Ich gebe auf.
Gehe zurück zu Jacqueline. Sie sieht mich ernst an. „Und?"
„Die wollen oder können mich nicht verstehen. Gibt es denn hier nirgends einen, der etwas deutsch spricht?"
„Versuche es doch mal mit englisch!", schlägt sie vor.
Nun gut. Mein Englisch habe ich seit gefühlten hundert Jahren nicht mehr benutzt. Ist ein wenig eingerostet, aber hierfür muss es reichen.
Vor einem Café steht ein älterer Herr im Anzug. Der sieht doch freundlich aus. Ich gehe auf ihn zu. Lächele. Ja, mit einem gewinnenden Lächeln hat auch Goebels ein ganzes Volk für sich gewonnen. Was dieser Verbrecher kann, kann ich ja wohl auch …
„Hallo", sage ich, „excuse me, can you help me?"
Der Mann sieht mich an, als käme ich aus Bottrop-Kirchhellen.
Aber er nickt.
Verdammt! Was heißt jetzt "verlaufen" und was "die richtige Richtung"?
„Äh … äh …", stammele ich, „we have … have … go wrong." Ich beginne zu schwitzen. „And now… äh… we don´t know… äh… where we are. Can you help uns?"
Der Mann lächelt und erklärt mir im lupenreinen Englisch, was ich wohl hören wollte. Allerdings verstehe ich kein Wort. Hilfe! Der spricht zu schnell!! Als er endet, sieht er mich freundlich an, als erwarte er irgendetwas.
Was heißt jetzt "wiederholen"?
„Can you say it again and … and …", wie sagt man nun, dass er langsamer sprechen soll?

Ich spüre, wie mir die Peinlichkeitsröte ins Gesicht schießt. Ich gestikuliere immer noch wild mit den Händen, obwohl ich gar nicht mehr spreche. Sieht bestimmt intelligent aus. Bestimmt wirke ich wie eine Marionette, die sich verheddert hat, wie ein Entlaufener aus einer psychiatrischen Klinik. Seufzend lasse ich die Arme sinken und sacke etwas in mich zusammen.

Der Mann spricht wieder zu mir. Ich verstehe so viel, dass wir wohl sagen sollen, wo wir hinwollen.

„Wenzel-Platz!“, sage ich unsicher.

Wieder prasselt ein Stakkato von Englisch auf mich ein. Es platzt aus ihm heraus, wie aus einem Maschinengewehr und ich nicke, nicke und mein Mund steht offen. Verstehen kann ich allerdings auch jetzt nichts. Bin völlig überfordert.

„Sprechen Sie deutsch?“, höre ich mich fragen.

Der Mann schüttelt den Kopf. „Just English! And Tschechia!“

„Wir werden hier ganz elendig zugrunde gehen!“, denke ich aufgelöst. „Wir werden nie wieder nach Hause finden! Wir werden Aussätzige, Obdachlose in Tschechien sein! Für immer!! Ich werde nie wieder meinen geliebten Plüschbasset sehen! Ich will nicht sterben! Ich bin doch noch so jung!“

„Was machen wir jetzt?“, fragt Jacqueline.

„Wir fragen den nächsten“, sage ich und versuche, dominant und zielstrebig zu wirken. Als wir auf einen Platz kommen, stehen da Pferdegespänne mit ihren Kutschern. Die müssten doch eigentlich wissen, wie man deutsch spricht.

Ich gehe auf den ersten zu.

„Sprechen Sie deutsch?“

Ein Nicken.

Erleichtert frage ich ihn: „Wir müssen zum Wentzel-Platz. Wie kommen wir dahin?“
„Du müssen gohen Strazze long“, höre ich seine Worte und ich habe das Gefühl, einem Außerirdischen zuzuhören, „dann rechts und bissken links, und Plaitz gohen. Du werden gefunden Strazze long. Die du gohen graduz Strazze bis nich mehr gegongen.“
„Äh … äh …“, stammele ich. Ich habe kein Wort verstanden. Fühle mich in einen Slapstickfilm versetzt. So a lá Louis de Funés.
Jacqueline grinst mich frech an. „Du und deine Ideen!“
„Ich gebe es auf“, ächze ich und jammere: „Dieses Land ist viel zu kompliziert für mich … Es mag mich einfach nicht …“
„Jetzt stelle dich nicht so an, du Weichei“, lacht sie, „das wirst du ja wohl hinkriegen!“
Na klar; ich krieg ja auch sonst immer alles hin. Wohl eher hinüber …
„Lasse uns einmal die Straße entlanglaufen“, schlage ich entnervt vor.
„Und was soll das bringen?“
„Vielleicht finden wir ja einen Hinweis. Ein Straßenschild. Eine Karte. Einen Kompass. Ein sattelitengestütztes Navigationsgerät …“
„Du redest wirres Zeug, Männe“, erklärt sie trocken und nüchtern. „Sagt dein Verstand jetzt winke, winke?“
Als wir um die Ecke laufen – man kann es kaum glauben – finden wir einen Taxistand.
„Halleluja!“, lasse ich mich hinreißen, danke allen Heiligen: Buddha, Allah und Gott gleichzeitig. Von mir aus auch den

Göttern der Wikinger oder der Etrusker. Egal, welche Namen sie tragen – sie könnten von mir aus Karl-Heinz oder Ludger heißen – ich danke ihnen allen!
Man fährt uns tatsächlich zum Wenzel-Platz. Dort finden wir die U-Bahnstation "Nationalmuseum" und sogar die Haltestelle, wo unser Hotel liegt. Wir werden zwar ein halbes Vermögen los, aber Hauptsache: gerettet! Praktisch aus den Fängen des Molochs Prag.
Erleichtert liegen wir in unseren Hotelbett. „Das war ja aufregend", sage ich.
„Ja", antwortete Jacqueline, „vielleicht sollten wir das nächste Mal in eine ruhigere Stadt fahren?"
„Ja", nicke ich müde, „nicht wieder in so eine Hektik."
„Vielleicht Moskau?", sagt sie – und ich glaube, ich falle in Ohnmacht.

Vergessen

Irgendetwas habe ich doch vergessen …
Kennen Sie dieses Gefühl, wenn sich in Ihrem untersten Unter-Unter-Unterbewusstsein diese Vermutung, oder besser noch, diese Ahnung und dieses Drängen breit macht? So ergeht es mir gerade.
Mal nachdenken:
Aktenkoffer? Habe ich neben mir liegen.
Handy? In der Brusttasche.
Brieftasche? Sitze ich drauf.
Ich trage alle meine Kleider, habe auch die Hose nicht vergessen – so, wie vorgestern - und mein Jackett. Doch irgendetwas fehlt!
Nur – was?
Haben wir heute unseren Hochzeitstag? Nein! Ist erst übernächsten Monat. Wenn ich den vergessen würde, würde mich Jacqueline vierteilen. Oder sonst irgendetwas Hyper-Speziell-Unaussprechliches mit mir machen. Und ich rede da nicht von Hyper-Spezial-Sex … Eher von Torturen, gegen die die Höllenschlünde Dantes wie Ferienparadiese anmuten würden.
Habe ich unseren Basset gefüttert? Flocky hätte wohl wild gebellt, wenn ich das vergessen hätte. Er würde sich sonst an mir verbeißen und solange nicht loslassen, bis er sein Recht bekommen hätte. Dieses verwöhnte Viech kennt da keine Gnade. Oder er besteigt mich sonst wieder – so wie vorgestern. Ich bin wohl zu sexy für diese Welt …
Aber nein. Das war es auch nicht.

Verflixt!
Das macht mich irre!
Was kann ich sonst vergessen haben?
Autoschlüssel? Steckt.
Wohnungsschlüssel? Habe ich, wie immer, in der rechten Hosentasche. Habe ich die Kaffeemaschine ausgemacht? Das Licht? Den Ofen? Die Dusche?
Ja.
Müsste ich eigentlich …
Mann! Mann! Mann! Ich werde noch irre!
Habe ich gestern Mutter vom Bahnhof abgeholt? Ja. Wie hätte ich das auch vergessen können, nachdem sie mich gefühlte hundert Mal angerufen hatte, um mich daran zu erinnern …
An den Kasten Bier habe ich auch gedacht. Den für den Skatabend. Die Jungs würden mich kielholen, wenn ich den vergessen hätte. Ein Skatabend ohne Bier? Das wäre doch wie Sex ohne Frau – und wenn ohne Frau, dann wie mit zwei eingeschlafenen Händen … Wie Nacktbaden mit geilen Knastbrüdern. Wie Telefonsex mit Plüschtieren. Wie eine Darmspiegelung mit einem C-Schlauch.
Aber ich schweife ab.
Was – zum Donnerschlag – könnte ich nur vergessen haben?
Sitze ich überhaupt im richtigen Auto?
Ja.
Trage ich meine eigene Unterwäsche? Ja. Nicht die Spitzenunterwäsche meiner Frau – wie vorgestern …
Habe ich mich rasiert? Ja. Oben im Gesicht und unten, weit südlich meines Äquators auch …

Mist! Mist! Mist! Ich weiß, dass ich etwas vergessen habe! Ich hätte mir auch einen Knoten ins Handy machen können, damit ich dran denke. Nur, dann hätte ich wahrscheinlich auch vergessen, woran …

Habe ich irgendwelche Arzttermine? Anwaltstermine? Behördentermine?

Nein.

Sollte ich Jacqueline irgendetwas vom Einkaufen mitbringen? Wurst? Käse? Einen neuen Mann? Einen mit einem Hirn anstatt einer hohlen Zwiebel auf dem Hals?

Ich werde noch irre!

Habe ich den Wagen vollgetankt?

Ja.

Auch mit Super anstatt Diesel? Nicht so wie vorgestern …

Ja.

Habe ich an den TÜV gedacht?

Ja, schon vor Wochen.

An die Sommerreifen?

Ja, auch.

Was dann – verdammte Hacke? Ich hyperventiliere gleich!

Plötzlich piept mein Handy. Eine SMS. Ich gucke auf das Display: Mein Kumpel Harry hat mir geschrieben: „Lieber Marcus, alles Liebe und Gute zum Geburtstag! Lass dich schön feiern und genieße den Tag!“

Ach ja …

Selbstreflexion ist Fehlanzeige

Ein Mann am Tresen seines Stammtisches.
„Ich weiß einfach nicht, was los ist. Alle Frauen, mit denen ich zusammen war, betrogen mich und schlussendlich haben sie mich auch verlassen. Bei jeder Frau war es dasselbe.
Immer wieder.
Ich verstehe das einfach nicht.
Dabei hatten sie alle doch bei mir den Himmel auf Erden.
Wenn sie für mich gekocht haben, überhäufte ich sie manchmal mit Lob und Anerkennung. Wissen Sie, Frauen stehen auf so etwas. Nur selten beschwerte ich mich über das Essen. Einige Male äußerte ich etwas Kritisches, aber dann hat es wirklich nach nichts geschmeckt. Meine letzte Freundin konnte überhaupt nicht kochen. So oft versuchte ich ihr klar zu machen, dass sie sich ein bisschen mehr anstrengen müsste.
Kaufte ihr sogar ein Kochbuch zum Geburtstag.
Ist ja auch nicht so toll, abends von der Arbeit zu kommen und nichts auf dem Tisch zu haben.
Hin und wieder half ich sogar beim Abwasch.
Wenn sauber gemacht wurde, bin ich solange aus dem Haus gegangen, damit sie sich besser austoben konnte. Wollte halt nicht stören. Würde mich ja auch stören, wenn mir jemand im Weg herumstehen würde, während ich mich amüsiere. Bin dann in meine Stammkneipe gegangen und erst später nach Hause gekommen, damit sie genug Zeit hatte, sich ihrem Hobby zu widmen.

Ich half ihr, wo ich nur konnte. Machte sie sogar immer darauf aufmerksam, wenn sie etwas in der Wohnung liegengelassen hatte. Der Teufel steckt schließlich im Detail.
Ging auch immer mit gutem Beispiel voran. Habe meine abendlichen Flaschen Bier auch immer ordentlich wieder zurück in den Kasten gebracht.
Sie konnte sich auch nie beschweren, dass ich nie mit ihr ausgehe. Wir waren oft unterwegs. In meiner Stammkneipe. Da ist es lustig. Meine Freunde mochten meine Freundinnen im Allgemeinen, sie hatten nie Schwierigkeiten, Kontakt zu knüpfen. Sie konnten tun und lassen, was sie wollten. Ich trank mir einen und ließ sie gewähren.
Manchmal nahm ich sie auch mit zum Fußball. Ist schließlich Kultur. Da kommt man unter Leute. Und außerdem ist es spannend. Aber sie haben es mir nie gedankt.
Ich verstehe das absolut nicht.
Ob ich treu war? Auf jeden Fall! Na gut, flirten war immer erlaubt. Zum Beispiel Heidi, die nette Bedienung aus meiner Stammkneipe. Mit der macht flirten immer Spaß. Habe auch keine Gelegenheit ausgelassen. Stärkt ja auch das Selbstwertbewusstsein. Sagte auch immer zu meinen Frauen: *„Wenn du nicht wärest, die Heidi, die könnte dir glatt gefährlich werden´* oder *„weiß gar nicht, warum du dich so anstellst. Ich flirte doch nur ...*“.
Bin halt ein ehrlicher Typ.
Anderen Frauen habe ich nie hinterher geguckt. Na ja ... zumindest eher selten ... manchmal ... dann und wann ... schon mal öfter ... Aber außer gucken war da niemals mehr!
Was mache ich nur falsch?
Für Geschenke war ich mir nie zu schade. Und wie ich sie beschenkt habe. Zum Beispiel der Mona, der schenkte ich kurz vor

unserer Trennung Karten. Für Schalke. Tribüne. Glauben Sie etwa, sie hätte auch nur ein Wort des Dankes verloren? Dabei waren die Tickets doch so teuer. Sagte ich ihr auch, damit sie versteht, wie viel sie für mich wert war. Und sie? Verlässt mich wegen so einem Haiopai und zieht sogar sofort zu ihm, ohne ihn richtig zu kennen.

Ich bin wahrscheinlich zu nett.

Ob ich eifersüchtig war? Nein! Vertrauen ist alles für mich. Na ja, manchmal muss man ein bisschen auf der Hut sein. Die Konkurrenz schläft ja auch nicht. Habe von Zeit zu Zeit das Handy kontrolliert, wenn sie nicht dabei war. Einmal habe ich sogar das Tagebuch gefunden. Stand aber nichts von Belang drin.

Aber eifersüchtig bin ich absolut nicht.

Ich gehöre zu den freizügigen Menschen. Habe Nacktfotos von Michaela gemacht. Mann, war ich stolz auf diese Frau. Diese Figur und dieses Aussehen. Meine Arbeitskollegen und die Kumpels aus der Kneipe haben vielleicht geguckt. Die fanden sie auch prima. Na ja, viel hatte sie nicht im Kopf. Kochen konnte sie auch nicht. Aber das ist bei einer Frau ja auch nicht so wichtig.

Hauptsache ... Sie verstehen?

Ob wir uns oft gestritten haben?

Nein.

Bin den meisten Streitigkeiten aus dem Weg gegangen. Wenn es mal wieder so weit war, zog ich die diplomatische Lösung vor. Verzog mich in meine Stammkneipe, damit sie sich erst abregen konnten. Nach vier/fünf Schnäpsen bin ich dann erst nach Hause. Frauen können manchmal ganz schön streitsüchtig sein.

Ich war oft in meiner Stammkneipe ...

Wenn es mir zu bunt wurde, haute ich auch schon mal auf den Tisch. Frauen brauchen manchmal eine harte Hand, damit sie

wissen, dass sie kein Weichei zum Mann haben. Darauf stehen die. Ab und zu mal `nen Klaps, wenn sie zu weit gehen. Nicht feste. Oder mit der Faust ... Bin ja kein Unmensch ...
Und trotzdem haben sie mich verlassen.
Ich verstehe das alles einfach nicht.
Warum sind Frauen nur so egoistisch?"

Showdown im Amt

Ich hatte einmal vor, an meiner Gartenlaube einen Anbau für ein WC anzubauen. Man riet mir vorher, eine Genehmigung beim Amt einzuholen und es dort absegnen zu lassen. So zog ich am frühen Morgen los und betrat das Bauamt.
Da ich nicht wusste, wo ich hin sollte, fragte ich den Pförtner: „Entschuldigen Sie bitte, wohin muss ich gehen, wenn ich einen Anbau genehmigen lassen will?“
Der dicke Mann sah mich aus seinen Schweinsaugen an und entgegnete: „Hoch- oder Tiefbau?“
„Äh ... Hochbau ... glaube ich zumindest ...“
„Wie viele Stockwerke?“
„Kein weiteres ... nur ein Anbau für ein WC.“
„In einem Wohn- oder Gewerbegebiet?“
„Weder noch. In einer Gartenkolonie.“
Damit glaubte ich zumindest, alles Wichtige gesagt zu haben. Der Pförtner sah mich unfreundlich an, dann nickte er: „Versuchen Sie es in Zimmer 33.“
In Zimmer 33 wurde ich bei einem hageren Mann mit Halbglatze vorstellig. Ich schilderte mein Anliegen. Er nickte, näselte: „Dann brauchen Sie ein Antragsformular zur Erteilung eines Standardpapiers zur Errichtung eines Anbaus.“
Er übergab mir das Formular, gab mir mit einem Blick zu verstehen, dass ich nun gehen sollte. Ich kam seiner Bitte nach. Auf dem Flur überflog ich das Formular, füllte es so gut aus, wie es ging, und klopfte dann abermals an die Tür des Zimmers Nr. 33.
Der Schwindsüchtige erklärte mir nasal: „Mit dem Antragsformular zur Erteilung eines Standardpapiers zur Errichtung eines An-

baus gehen Sie in die Abteilung Anbau und Sondernutzung, Raum 45."
Ich bedankte mich, ging zu Raum 45. Die Dame mit dem Dutt, die mich empfing, überflog den Antrag und meinte: „Sie brauchen aber noch eine Genehmigung zur Errichtung eines Anbaus ohne Wohnwert und mit Anschluss zur Kanalisation."
„Aber ich habe doch ein Antragsformular zur Erteilung eines Standardpapiers zur Errichtung eines Anbaus."
„Den bringen Sie in Zimmer 67, zusammen mit der Genehmigung zur Errichtung eines Anbaus ohne Wohnwert und mit Anschluss zur Kanalisation."
Sie drückte mir ein weiteres Formular in die Hand, ich durfte gehen. Auf dem Flur überflog ich das zweite Formblatt, füllte es aus und ging zu Zimmer 67. Hier nahm mich ein junger Mann mit Nickelbrille und Mittelscheitel in Empfang.
„Sie brauchen aber einen Eingangsstempel zum Nachweis des ordentlichen und amtlichen Einganges."
„Und wo kriege ich den?", seufzte ich.
„Raum 33."
„Aber von da komme ich doch gerade."
„Ohne den Stempel kann ich nichts machen."
Also lief ich zurück zu Zimmer 33.
Der Hagere sah mich an, als wolle er mich fressen. Ich trug mein Anliegen vor und er näselte: „Den Stempel kann ich Ihnen geben."
Er drückte einen dicken auf meine Formulare. Ich ging zurück zu Zimmer 67, fand die Tür jedoch verschlossen vor. Ein Schild informierte: "Mittagspause".
Ärgerlich ging ich im Flur auf und ab. Nach einer geschlagenen Stunde erschien der Mittelscheitel wieder und ich trat in sein Büro. Übergab meine Formulare. Die Nickelbrille überflog sie, drückte

einen weiteren Stempel darauf und sagte: „Sie brauchen aber noch eine Erklärung zur Abgabe von technischen Errichtungen im Zusammenhang mit Kanalarbeiten in dreifacher Ausfertigung.“
Verwirrt sah ich den Beamten an.
Der lächelte jovial: „Die Formulare bekommen Sie an der Pforte.“
Also lief ich zurück zur Pforte und fragte den Pförtner. Der wollte von mir das Antragsformular zur Erteilung eines Standardpapiers zur Errichtung eines Anbaus sehen. Ich wühlte in dem Papierstapel und fand es schwitzend. Der Pförtner machte einen Stempel darauf, zeichnete es ab und übergab mir die Erklärung zur Abgabe von technischen Errichtungen im Zusammenhang mit Kanalarbeiten in dreifacher Ausfertigung.
„Füllen Sie das aus und bringen Sie es in Zimmer 45.“
Entsetzt sah ich den Mann an.
„Aber von da komme ich doch gerade!“
„Ordnung muss sein“, erklärte mir der Pförtner ernst, „wir leben ja schließlich nicht in einem Bananenstaat.“
Also füllte ich die Erklärung zur Abgabe von technischen Errichtungen im Zusammenhang mit Kanalarbeiten dreifach aus und brachte es in Zimmer 45, Abteilung Anbau und Sondernutzung. Die Dame mit dem Dutt sah mich streng über den Rand ihrer Brille an.
„Haben Sie die Genehmigung zur Errichtung eines Anbaus ohne Wohnwert und mit Anschluss zur Kanalisation?“
„Ja.“
Ich reichte sie ihr.
„Da fehlt noch der Sichtvermerk des Abteilungsleiters Hochbau.“
„Und wo bekomme ich den?“
„Beim Abteilungsleiter Hochbau!“
Es klang fast schon beleidigt.

Ich wartete eine geschlagene weitere Stunde vor dem Büro des Abteilungsleiters. Als er mich einließ, nippte er an seiner Kaffeetasse und fragte mich: „Was kann ich für Sie tun?"
„Ich habe hier eine Genehmigung zur Errichtung eines Anbaus ohne Wohnwert und mit Anschluss zur Kanalisation und darauf brauch ich etwas von Ihnen."
Er sah mich fragend an.
„Den Sichtvermerk", japste ich.
Er stempelte es ab, unterzeichnete, gab es mir zurück.
Ich lief zurück zu Zimmer 45, sagte zu der Frau mit dem Dutt: „Ich habe die Erklärung zur Abgabe von technischen Errichtungen im Zusammenhang mit Kanalarbeiten in dreifacher Ausfertigung und die Genehmigung zur Errichtung eines Anbaus ohne Wohnwert und mit Anschluss zur Kanalisation. Letzteres mit Sichtvermerk des Abteilungsleiters Hochbau."
Sie nickte, drückte ebenfalls einen Stempel darauf und unterzeichnete. Dann wühlte sie ein weiteres Formular hervor und gab es mir mit den Worten: „Das ist der Zusatzantrag zum Anschluss an die kommunale Abwasserkanalisation gemäß DIN 4503. Füllen Sie den aus und bringen Sie ihn in Zimmer 33."
Mir sausten die Ohren.
Aber ich füllte den Zusatzantrag zum Anschluss an die kommunale Abwasserkanalisation gemäß DIN 4503 aus und lief zurück zum Zimmer 33. Der Dürre schlitzte den Blick, als er mich sah.
Ich ächzte: „Ich habe das Antragsformular zur Erteilung eines Standardpapiers zur Errichtung eines Anbaus, sowie die Genehmigung zur Errichtung eines Anbaus ohne Wohnwert und mit Anschluss zur Kanalisation und auch die Erklärung zur Abgabe von technischen Errichtungen im Zusammenhang mit Kanalarbeiten in dreifacher Ausfertigung, als auch den Zusatzantrag zum

Anschluss an die kommunale Abwasserkanalisation gemäß DIN 4503."

„Hat die Genehmigung zur Errichtung eines Anbaus ohne Wohnwert und mit Anschluss zur Kanalisation auch den Sichtvermerk des Abteilungsleiters Hochbau?"

„Ja."

„Dann brauchen Sie nur noch einen Antrag auf Gebührenabgabe im Zusammenhang mit einem grundstücksübergreifenden Anbau."

„Jetzt reicht es mir aber!", schrie ich, bar jeder Beherrschung. „Ich will nicht mehr! Dann kacke ich halt in die Büsche!"

Zornig verließ ich das Amt.

Nun sitze ich hier in meiner Gartenlaube und sinniere vor mich hin. Ob ich den Dachstuhl meines Hauses ausbauen soll, weiß ich noch nicht.

Bis dass der Schlag uns scheidet

Jennifer war blutjunge 22 Jahre, als sie Alfred, einen 90-jährigen Millionär, heiratete. Vom ersten Tag an ekelte er sie an, war sie doch ohnehin nur scharf auf sein Geld gewesen. Sie beschloss, ihn schnellstmöglich und dazu unauffällig loszuwerden. Am besten, so dachte sie, sei es, wenn ihn der Schlag treffe.
So ging sie perfide ans Werk.
Sie nahm seine Golfschläger und versenkte sie im Aquarium bei den hässlichen Zierfischen. Die hatte sie noch nie gemocht. Als er das sah, wurde sein Gesicht puterrot. Er keuchte: „Bist du verrückt geworden? Die armen Fische!“
„Grille mir lieber einen davon“, sagte sie patzig und verließ theatralisch das Zimmer. Sie sann nach noch fieseren Ideen und ging am selben Abend mit einer Schere zu seinem Kleiderschrank. Dort fertigte sie aus seinen Maßanzügen Konfetti und streute es ihm aufs Bett. Schlussendlich setzte sie sich aufs Bett und wartete mit stiller, böser Vorfreude auf ihn. Als er kam, wurde sein Gesicht abermals puterrot. Er stammelte: „Meine ... meine Anzüge ... weißt ... weißt du eigentlich, wie ... wie teuer die waren?!“
„Jetzt ist es luftige Sommermode“, grinste sie satanisch.
Dann schmiss sie ihn aus dem Schlafzimmer. „Du kannst unten schlafen, du humorloser, vertrockneter, alter Sack!“
Was blieb ihm übrig? Er schlief auf der Couch.
Mitten in der Nacht schlich sie zum ihm herunter. Sie nahm die Trompete, hielt sie direkt an sein Ohr und stieß mit aller Kraft hinein. Er fiel fast vom Sofa. Sein spärliches Haar stand zu Berge. Er starrte sie sprachlos an.
„Warum?“, fragte er nur.

„Wollte nur sehen, ob du noch schnaufst."
Verdattert ließ sie ihn zurück.
Und ihr Plan wurde noch gemeiner und hinterlistiger. Sie besorgte sich eine Sprühdose und färbte den Hund grün. Das Kopfhaar rasierte sie ihm gänzlich ab. Als Alfred seinen geliebten Bello sah, fiel er fast in Ohnmacht. Er glotzte sie verständnislos an, als sie sagte: „Jetzt ist es ein alternder Ökohund ..."
Alfred musste weiterhin auf der Couch schlafen.
Er verstand gar nichts mehr.
Zuckersüß lud sie ihn zum Abendessen ein. Sie habe gekocht und wolle ihn verwöhnen. Misstrauisch nahm er das Angebot an und kam ins Esszimmer. Sie hatte wirklich an alles gedacht: Kerzen, Servietten und das Silberbesteck. Als sie den Hauptgang auftrug, fragte er nach einigen Bissen: „Das Fleisch ist lecker, was ist das?"
Kalt blitzte sie ihn an: „Wuff! Wuff!"
Jetzt glaubte sie, träfe ihn der Schlag.
Er sprang auf, riss sich die Serviette vom Hals, schrie: „Du bist irre! Ich erkenne dich nicht wieder!"
Die Adern an seiner Schläfe traten voll und prall hervor. Sein Gesicht war abermals rot wie eine Tomate. Und sie setzte noch einen drauf: „Und das Soufflé habe ich aus deinen dämlichen Fischen gemacht! Ich hoffe, der Stachelige war bekömmlich!"
Er fasste sich an den Kragen, öffnete die oberen Knöpfe, japste, schwitzte. Schwankend erhob er sich, taumelte ins Wohnzimmer. Sie verfolgte ihn, rief halb singend: „Und aus dem Hundefell habe ich einen Wischmopp gemacht!"
Während sie ihm ins Wohnzimmer folgte, stieß sie alle antiken Vasen von den kleinen Marmorsäulen. Krachend zerbarsten sie.
„Hasch mich! Ich bin besessen!", kreischte sie. „Vom Teufel! Von Dämonen! Von den Mainzelmännchen!"

Alfred ließ sich auf die Couch fallen. Atmete tief durch. Zwang sich offensichtlich zur Besonnenheit, beruhigte sich wieder. Sie wusste, dass sie nun schnell handeln musste. Sie holte aus dem Schuppen die Sprühdose, stürmte zurück ins Wohnzimmer. Dort malte sie den altehrwürdigen Herrschaften auf den teuren Ölgemälden Brillen und Schnauzbärte.
Mit großen Augen starrte er auf ihr Treiben. Konnte wohl kaum glauben, was er da sah.
Irgendwann muss ihn doch der Schlag treffen!, dachte sie.
So flambierte sie ihm zum Schluss noch seine teuren Rosenbeete. Mit Super bleifrei, es sollte sich ja auch lohnen. Alfred stand am Fenster und glotzte bar jeden Verständnisses zu ihr hinaus. Sie stürmte wieder ins Haus, tanzte um ihn herum. Johlte und heulte wie ein Indianer.
Plötzlich wurde Alfred ganz ruhig. Er sah sie aus stillen Augen an und lächelte sogar. Jennifer stutzte.
„Egal, was du machst“, sagte er in gemächlichem Ton, „ich liebe dich. Ich habe dich geheiratet und dir die Liebe geschworen. Du magst vielleicht wild und unverschämt sein, doch ich weiß: Im tiefen Innern deines Herzens bist du ein guter Mensch.“
Sie sah ihn aus großen Augen an. Obwohl sie ihm das alles angetan hatte, liebte er sie noch. Sie begriff, dass seine Liebe nahezu unendlich war, dass sie unumstößlich und ehrlich war – und sie schämte sich auf einmal für ihre düsteren Pläne. Sie ließ die Schultern hängen und setzte sich zu ihm auf die Couch. Er sah sie mit einem milden Lächeln an.
„Du wirst deine Gründe hierfür haben“, erklärte er ruhig und nahm sie in den Arm.
Sie sah ihn an. Hatte auf einmal eine Idee, alles wieder gut zu machen.

„Für deine Liebe will ich dich mit etwas ganz Besonderem belohnen“, sagte sie und erhob sich, ging ins Schlafzimmer und zog sich um. Die Jeans tauschte sie gegen ein Spitzenhöschen und Strapse, die Bluse gegen ein durchsichtiges Negligé. Jennifer wusste auf einmal, dass dieser Mann sie liebte und zwar bis zum Ende seiner Tage. Dafür wollte sie ihn belohnen und gleichzeitig auf ihre Art Entschuldigung sagen.
Sie trat ins Wohnzimmer.
Er hob den Blick, sah sie. Dann wurde er bleich, er fasste sich an die Brust, röchelte noch ein „Geil“, dann fiel er um wie ein nasser Sack. Jennifer eilte zu ihm, fühlte seinen Puls.
Nichts mehr.
Verdattert saß sie neben der Leiche. Jetzt hatte sie geschafft, was sie immer gewollt hatte. Und trotzdem war sie traurig.
„Du blöder, alter Sack“, schniefte sie, „hättest du das nicht zwei Stunden vorher machen können?“

War Gandhi Autofahrer?

Ich fahre eher selten mit dem Auto in die Stadt, es ist mir eigentlich immer zu viel Verkehr. Und dann diese Fußgänger! Laufen bei Rot über die Ampel und reagieren noch aggressiv, wenn man sie darauf hinweist. Das geht schon bei den Teenagern los. Kümmern sich einen Dreck um Verkehrsregeln und wir Autofahrer bekommen die dicke Strafe, wenn einmal etwas passiert.
Sie laufen mit ihren MP3-Geräten im Ohr dösig vor sich hin und bekommen nichts mit. Solche Fußgänger sind mir die Richtigen. Überhaupt: Gelten Verkehrsregeln nur für uns Autofahrer? Wenn wir etwas trinken und in eine Polizeikontrolle geraten, wird es teuer. Wenn so ein bekloppter Fußgänger zu viel im Tee hat, ist es egal.
Wo ist da die Gerechtigkeit?
Diese Lümmel von Fußgänger können sich doch alles erlauben! Sie laufen einfach über die Straße, sodass man abrupt bremsen muss und vielleicht der Hintermann einem hinten drauffährt. Und wer bezahlt dafür?
Richtig! Der Autofahrer!
Und diese Halunken von Fußgänger bekommen immer mehr Rechte: Ampeln, die sofort auf grün für sie schalten, wenn man einen Knopf drückt. Ampeln, die den ganzen Verkehr aufhalten. Und wozu? Damit die Stadt fußgängersicherer wird!
Pah!
Man sollte einfach mit dem Wagen draufhalten und sie umfahren, aber dann jammern ja die Polizeibeamten.
Und schlimmer noch: Wenn so ein Läufer angefahren wird, macht man doch sofort den Autofahrer dafür verantwortlich – egal, wie

schnell er gefahren ist und wie achtsam er war. Am schlimmsten sind alte Menschen. Hören nichts, sehen nichts und laufen einfach drauf los. Der arme Autofahrer wird schon bremsen.
Dann laufen diese Schlote auch noch durch die dunkle Jahreszeit mit schwarzer Kleidung. Das verstehe ich nicht! Wenn da was passiert, ist doch wieder automatisch der Fahrer eines Autos schuld.
Als ob wir nicht schon genug bluten: Hohe Spritkosten, hohe Steuern und Versicherungen und zu guter Letzt auch noch hohe Bußgelder. Da könnten die Fußgänger doch auch mal Rücksicht auf uns nehmen. Ich wäre sowieso dafür, dass Fußgänger härtere Strafen bekommen, wenn sie uns Autofahrer in Gefahr bringen. Am besten sofort zehn Jahre Arbeitslager.
Ach was.
Zehn? Zwanzig!
Oder die Prügelstrafe wieder einführen! Bei Rot über die Ampel laufen? Zehn Schläge mit dem Bambusstock. Lautes Musikhören beim Laufen? Fünfzehn.
Und die Höchststrafe: Trödeln beim Überqueren einer Straße! Dafür gibt es dann beides!
Da!
Das ist wieder so einer! Ein Rentner mit Rollator. Wetten, er will gleich über die Straße? Ja? Ja? Genau! Hab´ ich es doch gewusst. Jetzt muss ich bremsen und warten! Und er glaubt sich im Recht, nur weil er über einen Zebrastreifen geht. Man sollte diese Relikte aus den Siebzigern aus dem Straßenverkehr entfernen! Zebrastreifen! Ein Sammelort für Rowdys und Tollgewordene!
Jeder x-beliebige Fußgänger glaubt, am Zebrastreifen sei er im Recht! Und das Schlimmste: Die Gerichte sehen es genauso! Da glaubt man doch ernsthaft, so ein Richter ist ein verkappter und

frustrierter Fußgänger. Verurteilen uns zu hohen Strafen, wenn wir an so einer Querungshilfe nicht aufpassen. Aber so ein Fußgänger? Der darf alles.
Jaja. Ich höre sie schon wieder jammern und keifen, diese Wanderschuhfanatiker und Spaziergänger, diese militanten Autohasser mit ihren Pseudoargumenten über Luftverschmutzung und Lärmbildung. Diese Ökos können sich kein Auto leisten, so sieht es doch aus. Sie sind einfach nur neidisch auf uns Autofahrer!
Bestimmt alles Arbeitslose, die sich ein tolles Leben auf unsere Kosten machen! Alles Sozialschmarotzer und Parasiten. Die haben doch auch die Umweltzonen durchgesetzt und die verkehrsberuhigten Zonen! Alles Kommunisten und Anarchisten!
Bestimmt war Lenin auch Fußgänger! Genauso wie Pol Pot. Und wie deren Leben ausgesehen hat, weiß man ja hinlänglich. Und über den Charakter eines solchen Fußgängers braucht man erst gar nicht nachzudenken ...
Die großen und starken Männer fuhren und fahren alle im Auto: Kennedy, Adenauer oder sogar der Papst! Alle, die etwas taugen, sind Autofahrer.
Fuhr Gandhi eigentlich in einem Auto?
Bestimmt!
Oder?
Wohl eher nicht.
Aber man weiß ja auch, wie er endete! Das wäre ihm mit einem sicheren Auto bestimmt nicht passiert!
Wie es auch sei; Fußgänger sind ein Übel, so gesehen ein Furunkel in der Verkehrswelt und die Brutstätte von ungerechten Strafen und Bußgeldern. Man sollte sie alle einpferchen in abgetrennten Abteilen, weit weg von der Straße, damit die unbescholtenen Autofahrer endlich in Ruhe gelassen werden! Am besten deportiert

man sie nach Russland. Da gibt es kaum Autos und sie wären unter sich!
Oder man gründet ein neues Land: Latschikistan.
Da könnten sie sich gegenseitig mit ihren Quadratlatschen über den Haufen rennen und würden uns in Ruhe lassen! Wäre das herrlich; keine Rücksicht mehr auf irgend so einen laufenden Penner nehmen, so gesehen freie Fahrt für freie Bürger!
Jaja ...
Aber Schluss mit solchen Träumen. Ich muss mich konzentrieren.
Bin gleich am Ziel.
Da!
Ein Parkplatz!
Schön!
Den Rest gehe ich zu Fuß. So, die Straße hinunter und an der Ampel warten.
Was ist das?
So ein bescheuerter Autofahrer! Fährt einfach über Gelb-Rot! Autofahrer! Wenn ich diese irren Volltrottel schon sehe! Keine Ahnung vom Straßenverkehr ...

Die Unbekannte auf dem Bahnsteig

Hallo? Wer ist denn diese süße Maus da vor mir auf dem Bahnsteig? Sie hat mir den Rücken zugewandt und ist wohl in ihrer eigenen Gedankenwelt versunken. Ihr langes, blondes Haar wallt ihr opulent über die Schultern und glänzt wie Seide. Es ist wie ein Vorhang, der einen Engel umsäuselt.

Ihre Schultern sind schmal, sie ist zierlich und sehr feminin. Ihre Taille ist weiblich, nichts an ihr verrät etwas von Übergewicht. Sie hat genau die richtigen Formen und Kurven.

Mann, ist sie aufregend!

Ihr Hintern ist wohlgeformt. Nicht zu viel und nicht zu wenig. Gerade einmal so viel, dass es von wohlen Proportionen zeugt. Sie scheint Sport zu treiben. Gymnastik oder so ein Zeug. Das sieht man ihr sofort an.

Ihre Finger sind schmal und sehr sinnlich. Wie sie in der Kälte die Hände aneinanderreibt, so weiblich und grazil. Sie muss vom Himmel gefallen sein, dieses graziöse Geschöpf.

Steht ganz alleine da.

Hat sie keine Freunde?

Oder ist sie menschenscheu?

Vielleicht kennt sie auch nur niemanden, der mit ihr zur Arbeit oder in die Stadt fährt. Dabei ist es doch so gefährlich für eine attraktive Frau, alleine um diese Uhrzeit durch die Gegend zu reisen. An Bahnhöfen kann Schlimmes passieren ...

Na ja.

Vielleicht trägt sie etwas zu derbe Kleidung. Slipper, Jeans, ein langer Mantel. Dabei würde ihr bestimmt ein Kleid gut stehen. Das kann ich mir gut vorstellen. Also, wenn sie meine Freundin

wäre, würde sie ganz bestimmt ein Kleid tragen. Aber vielleicht ist es für ein Kleid auch viel zu kalt.
Ob sie wohl in festen Händen ist?
Der Glückliche, der sie die Seine nennen darf.
Ihr Körper lässt ahnen, wie biegsam sie ist. Sie ist bestimmt eine wilde Hexe im Bett. Kennt gewiss viele extravagante Stellungen.
Würde sie gerne mal von vorne sehen ...
Merkwürdig. Tragen Frauen nicht normalerweise ein Handtäschchen? Sie hat dieses typische Utensil gegen eine Plastiktüte von Karstadt ausgetauscht. Kann mir gar nicht vorstellen, dass sie anstatt einer schicken Ledertasche so etwas trägt. Kommt wohl gerade vom Einkaufen. Frauen lieben ja Shopping und würden dafür sterben.
Ich muss sie kennenlernen! Egal wie!
Hab langsam die Nase voll vom Singlesein. Will mal wieder neben einem weiblichen Geschöpf morgens aufwachen, abends kuscheln und vielleicht auch mal wieder romantisch essen gehen.
Doch wie soll ich es anstellen?
„Hallo, Süße. Mein Name ist Thomas. Wie heißt du?"
Nein. Zu chauvinistisch. Zu direkt.
„Entschuldigen Sie bitte, aber vermisst Sie der Himmel nicht?"
Nein. Zu schmierig.
Vielleicht ist der freundliche, angenehme Weg der richtige. So nach dem Motto: „Entschuldigen Sie bitte. Aber ich habe Sie hier stehen sehen. Haben Sie vielleicht Lust auf einen Kaffee?"
Verdammter erster Schritt.
Immer müssen wir Männer diesen ersten Schritt gehen. Dabei leben wir doch in einer emanzipierten Gesellschaft und im 21. Jahrhundert. Da könnten doch auch einmal die Frauen uns diesen dämlichen ersten Schritt abnehmen.

Na gut.
Einmal durchatmen.
Dann los.
Langsam gehe ich auf sie zu. Muss mich beeilen, da kommt schon der Zug. Wenn sie erst einmal eingestiegen ist, ist sie weg. Zuerst stelle ich mich neben sie. Merkwürdig. Ich rieche gar kein Parfüm. Normalerweise tragen Frauen doch immer eins ...
Jetzt oder nie.
Ich tippe ihr auf die Schulter.
„Entschuldigen Sie bitte?“
Sie dreht sich herum und – ach du Schreck. Mich sieht ein unrasiertes junges Gesicht an. Ein Kerl!
„Ja bitte?“, fragt er.
„Kann ich mal durch?“, frage ich und stelle peinlicherweise fest, dass fast der gesamte Bahnsteig neben uns frei ist. Ich hätte locker drei Mal an ihm vorbeigekonnt.
Er stutzt.
„Na klar.“
So was kann auch nur mir passieren. Was gibt sich dieser Kerl auch so feminin?
Tunte!

Ein Herz und eine Seele

Sie waren wie ein Gedanke. Was der eine dachte, sprach der andere im nächsten Moment aus. Einer begann einen Satz, der andere beendete ihn. Freunde und Bekannte hielten Henrik und Michaela für das perfekte Paar. Einige neideten ihnen diese Nähe, dieses unterbewusste Wissen über den anderen, dieses Gleichfühlen mit ihm.

Sie hatten sich in einem Café kennengelernt. Damals hatte er ihr Herz mit stürmischen Avancen erobert, hatte sich fast ein Bein ausgerissen, um sie zu bekommen. Zuerst hatte sie gar nicht so richtig gewollt, doch als sie merkte, dass vor ihr ihr Seelenverwandter saß, der fast die gleichen Gedanken, fast dieselben Emotionen besaß und nahezu immer das gleiche sagte wie sie, da war ihr Herz weich geworden. So waren sie ein Paar geworden.

Sie waren schon nach wenigen Wochen zusammengezogen. Er hatte nach einer schönen Wohnung gesucht, sie zeitgleich auch, ohne dass er es wusste. Die Wohnung, die sie gefunden hatte, ähnelte der seinen extrem. Sie einigten sich und zogen in ihre.

Für beide war es eine wunderschöne Zeit. Sie lebten miteinander, verwoben durch die Gleichartigkeit, die sie wie ein Band aneinanderhielt. Ob im Alltag, ob bei besonderen Anlässen, sie waren immer im Einklang miteinander, ergänzten sich und waren ein Herz und eine Seele. Doch der Alltag ist gemein und hinterhältig.

So entdeckten sie auch Fehler aneinander. Es begann mit nicht zugedrehten Zahnpastatuben, führte über die geregelten Arbeiten im Hause wie das Ein- und Ausräumen der Spülmaschine und endete beim Kinderwunsch.

Sie wollte.

Er nicht.
Aus dem Traumprinzen wurde langsam für sie ein ärgerliches Pendant für Faulheit, Trägheit und Unsensibilität. Er kam von der Arbeit, legte sich auf die Couch und sie machte die ganze Hausarbeit. Während sie vorne die Wohnung aufräumte und sauber machte, verunreinigte er sie hinten, sodass sie bald schon von vorne anfangen musste.
Nur in seinen eigenen Sachen war er pingelig, brummte sie an, wenn sie seine Sammlung anfasste, um darunter Staub zu putzen, oder wenn sie an seine Werkzeuge ging, wenn etwas im Haus zu verrichten war.
Sie stritten sich nie offen, dafür waren beide zu sehr Gefangene ihrer eigenen Erziehung, aber man merkte an Spitzfindigkeiten, dass etwas im Busch war. Sie begann, ihn zu triezen, um ihn zu ändern, doch er blieb stur und verharrte in seinen Gewohnheiten wie ein dickhäutiger Elefant.
Vielleicht hätte ein klärendes Gespräch etwas Druck aus der Angelegenheit genommen, doch so gleich sich die beiden waren und so sehr sie sich auch ergänzten, zu einem Austausch waren sie nicht in der Lage.
So fraß sie ihren Zorn immer weiter in sich hinein.
Sie schluckte, als er begann, in ihrer Gegenwart laut zu furzen. Schluckte, als er beim Essen rülpste. Schluckte auch, als er ihr Essen maulend kritisierte, es schmecke nach gar nichts und sie müsse sich einmal Jenny, die Frau des Nachbarn, zum Vorbild nehmen. Die könne kochen. Dabei hasste sie Jenny, denn ihre dumme und naive Art, alles offen auszusprechen, wie es ihr in den Sinn kam, nervte sie.
Und das wusste er doch ...

Sie verweigerte ihm daraufhin den Beischlaf, erklärte ihm, sie sei nicht in Stimmung und hätte Kopfschmerzen. Das häufte sich nun. Sein Drängen nahm von Tag zu Tag immer mehr zu, doch sie war fest entschlossen, diesen Primitivling nicht mehr an sich heranzulassen.
Und dann erwischte sie ihn mit Jenny.
Die beiden standen hinter einer Hecke an ihrem Haus und knutschten.
Das war zu viel.
Sie schmiedete einen düsteren Plan, wie der Situation ihre gerechte Note gegeben werden sollte. Im Bahnhofsviertel besorgte sie sich eine Pistole. Die Waffe verbarg sie im Auto. Es musste der richtige Zeitpunkt sein, um diesem Scheusal die gerechte Strafe zukommen zu lassen.
Sie haderte noch mit sich herum, so ungefähr zwei Wochen. Dann fasste sie den festen Entschluss, diesem widersinnigen Treiben ein Ende zu bereiten. Sie lud die Waffe und versteckte sie im Handtäschchen. Dann ging sie in die gemeinsame Wohnung.
Er war schon da.
„Hab für dich gekocht“, erklärte er ruhig und freundlich. „Hab sogar schon angerichtet. Nimm doch Platz. Heute werde ich dich verwöhnen.“
Sie setzte sich verdattert.
Er hatte an alles gedacht. Das beste Porzellan, das silberne Besteck. Servietten und Weingläser. Er schenkte ihr den teuren Wein ein, trug auf.
Rindsrouladen.
Ihr Leibgericht.
Doch sie wollte sich nicht durch seine lieblichen Floskeln von ihrem Plan abbringen lassen, wollte nicht weich werden. Dieser

Drecksack hatte sie gedemütigt und ihr das Leben zur Hölle werden lassen.
Er wollte sich gerade hinsetzen, da zog sie die Pistole hervor. Legte an, spannte den Hahn. Er sah mit fassungslosem Gesicht in den Lauf der Waffe. Wollte wohl noch etwas sagen, doch da drückte sie schon ab.
Einmal.
Zweimal.
Er fasste sich an die Brust und fiel zu Boden. Blieb regungslos liegen.
Ruhig steckte sie die Pistole wieder weg. Nahm das Geschirr und begann zu essen. Das war er ihr schließlich noch schuldig gewesen. Sie war gerade fertig und wollte sich erheben, um sich um den Leichnam zu kümmern, da wurde ihr schwindelig. Der Stuhl unter ihr schien zu schwanken, Sterne blitzten vor ihren Augen.
Was war los?
Maßlose Übelkeit überkam sie. Sie wollte aufstehen, doch ihre Beine versagten ihr den Dienst. Neben ihrem Mann fiel sie zu Boden. Keuchte, japste, schnappte nach Luft.
Er hat mich vergiftet, fuhr es ihr durch den Kopf. Dieser widerliche Mistkerl.
Das war ihr letzter Gedanke.
Jaja. Die beiden waren eben ein Herz und eine Seele. Was der eine dachte, führte der andere auch aus ...

Die Muse

Oh! Du holdes Weib, du Blüte der Jugend und Unschuld. Ich habe dich hier im Park gesehen und meine Liebe entflammte zu dir. Dein blondes Haar lockt sich im Sommerwind und du lächelst wie die Morgensonne.
Ich kann nicht anders.
Ich muss zu dir.
Muss dich sprechen und dich erobern, wie mit alles erstürmenden Wogen des Meeres und des Windes. Will dich erstürmen wie mit Armeen der Liebe und der Lust, will dich, nur noch dich!
So trete ich dir vor die blau schimmernden Augen, welche gleich Bergseen strahlen und leuchten.
„Oh, du meine große Liebe“, sage ich. „Du bist wie Morgentau auf den zarten Rosen, bist wie Nektar, so süß und rein!“
„Wat willste denn von mir, du blöder Spinner?“, sagst du.
Doch ich weiß, dass das nur die Scheue und Schüchternheit einer verletzlichen Seele sind. So knie ich mich vor dich nieder und rufe: „Oh du, mein fleischgewordener Traum! Meine Erfüllung und Muse! Ich will dich nie wieder gehen lassen!“
„Haste 'nen Knacks oder biste schwul?“
Ich rufe weiter: „Sei mein Schmetterling! Sei mein Leben und mein Herz! Ich werde dich auf immer lieben! Zart wie die deinen Flügel sind, so zart will ich dich erobern und überwältigen. Du wirst mein sein und ich dein!“
„Ich glaube, es hackt!“, sagst du.
So flöte ich weiter: „Du bist das Licht des Tages, die Sonne an meinem Firmament und die Wärme und Güte von Heiligen. Du

wirst nie wieder den schmerzvollen Tropfen der Einsamkeit trinken müssen, denn nun bin ich ja bei dir, oh, du meine Geliebte!“
„Biste irgendwo entlaufen? Sach ma, geht es noch?“
„Oh, süßer Schmerz! Oh, süße Maid! Oh, du alles umwebende Liebe! Dein Sein mein ganzes Herz! Dein Sein meine Seele und all mein Sein! Ich will nur noch dich! Willst du auch mich?“
„Dich Flitzpiepe?“ Du lachst. „Ich glaub, da wird mein Freund mit dir reden wollen!“
Da tippt mir jemand auf die Schulter. Als ich mich umdrehe, steht dieser riesige Muskelberg vor mir. Er überthront mich um fast zwei Haupteslängen. Ich erschrecke.
„Wat willste von meiner Perle?“
„Ich ... äh ... ich ...“, stammele ich.
Dann trifft mich seine Faust aufs Nasenbein. Es bricht und blutet, ich sehe Sterne und falle zu Boden. Als ich wieder zu mir komme, liege ich auf der Notaufnahme.
Scheißtag!
Scheißweiber!
Nie wieder falle ich auf sie herein!
Jetzt ist Schluss!
Hoppla! Wer bist du denn? Du trägst das Weiß der Unschuld und dein Haar ist blond und lang. Oh du, meine Muse ...“

Elvis Presleys Hund

Als ich loszog, um meiner kleinen Tochter ein ganz besonderes Geburtstagsgeschenk zu ihrem zehnten Geburtstag zu besorgen, war ich schnell resigniert. In den Spielzeugläden hatten sie nur Ramsch, und da meine Tochter aus dem Barbie-Zeitalter langsam entwuchs, musste etwas ganz besonderes her.

Ich trieb mich mal in diesen Geschäften herum, mal in jenen. Ich suchte, prüfte und verzweifelte. Ein Verkäufer meinte: „Ihre Tochter wird sich bestimmt für ein Haustier interessieren. Ein Hund. Ein Meerschweinchen. Eine Katze."

Das war DIE Idee!

So zog es mich ins Tierheim. Eine alte Frau mit weißem Haar und Nickelbrille nahm mich in Empfang.

„Sie suchen etwas Spezielles für Ihre Tochter?", fragte sie mich mit listigem Blick und meinte kryptisch: „Ich habe da etwas ganz besonderes. Mögen Sie Elvis?"

Ich verstand nicht.

„Ja, gute Frau. Wer mag ihn nicht? Aber was hat das mit meiner Tochter zu tun?"

Sie lächelte abermals hintergründig.

„Folgen Sie mir." Sie führte mich durch die Gehege, vorbei an allerhand wild bellenden Hunden.

Rottweiler. Schäferhunde. Dackel. Terrier.

Als ich dachte, sie würde stehen bleiben, um mir eines dieser Tiere zu zeigen, stellte ich fest, dass dem nicht so war. Vor einem kleinen Schuppen blieb sie stehen und drehte sich geheimnisvoll lächelnd zu mir um.

„Machen Sie sich auf eine kleine Sensation bereit!"

Sie drehte einen Schlüssel im Schloss, öffnete und ließ mich ein. Ich stand in einem Gehege. Vor mir: Ein Basset Hound mit Schlappohren und weißbraunem Fell. Verdattert sah ich sie an.
„Und das soll die Sensation sein?"
„Wop Baba Luba! Wau! Wau! Wau!", machte plötzlich der Basset.
Völlig perplex sah ich den Hund an. „Hat der ... der Hund gerade ...?", stammelte ich.
Sie nickte.
„Das ist Elvis Presleys Hund. Er ist ihm auf alle seine Touren gefolgt."
„Aber das Lied gerade war nicht von Elvis. Das war von Little Richard."
„Tutti Frutti! Wau! Wau! Wau!"
„Da!", rief ich. „Hören Sie es? Little Richard!"
„Aber das ist der Hund von Elvis", beharrte sie. „Hören Sie doch genauer hin!"
„I beg your pardon! Wau! Wau! Wau!"
„Hah!", rief ich. „Das war wieder nicht von Elvis! Das war Dolly Parton!"
Energisch tappte ich mit dem Fuß. „Das kann nicht Elvis' Hund sein!"
„Ich beweise es Ihnen", sagte sie und kniete sich zu dem Tier herab. „Bello! Sing was von Herrchen!"
Der Basset wedelte mit dem Schwanz, sah sie aus geneigtem Kopf an und öffnete das Maul. Doch nur ein donnernder Rülpser kam heraus.
„Er kann es nicht!", frohlockte ich.
„Warten Sie es doch ab", sagte sie und zauberte ein Leckerli aus der Tasche. „Der ist für dich, Bello, wenn du was singst."

Doch Bello schwieg.
„Der Hund kann es nicht!“, wütete ich.
„Bello hat nur Lampenfieber“, erklärte sie, „er singt ungerne vor Publikum ...“
„Lampenfieber?“ Ich glaubte, ich sei im falschen Film. „Dieser Hund ist ein Betrüger! Und dazu noch völlig unbegabt!“
„Nein, nein“, antwortete sie, „Bello ist nur etwas nervös!“ Sie wandte sich wieder an den Basset. „Sing was von Herrchen, Bello! Na los, sing was von Herrchen!“
Bello sah sie mit gütigem Blick an, winselte und kratzte sich gelangweilt und unbeteiligt hinter dem Ohr.
„„... und Flöhe hat er auch“, brummte ich.
„Vielleicht sollten Sie ihm etwas vorsingen“, schlug die Dame vor. „Etwas von Elvis, damit er sich erinnert.“
„Ich?“ Verdutzt sah ich sie an. „Aber ich kann nicht singen!“
„Versuchen Sie es ...“
„Na gut.“ Ich räusperte mich und sang: „You are always on my mind!“
Der Hund betrachtete mich aufmerksam, dann sang er plötzlich: „I'm living next door to Alice! Wau! Wau! Wau!“
Ich verdrehte genervt die Augen. „War das etwa Elvis? Nein! Das war Smokie!“
Bello drehte mir beleidigt den Rücken zu. Er watschelte zu seiner Decke und legte sich darauf. Nahm keine Notiz mehr von mir.
„Jetzt ist er gekränkt“, sagte die Dame vorwurfsvoll. „Sie müssen sich bei ihm entschuldigen!“
„Was? Entschuldigen?“ Ich dachte, ich hätte einen kleinen Mann im Ohr. „Das ist doch nur ein Hund!“
Sie sah mich ernst an, hob mahnend den Zeigefinger.
„Ja, aber Elvis Presleys Hund!“

„Das ist nicht bewiesen!“, protestierte ich.
Sie ging zu dem Flohcircus und gab ihm das Leckerchen. Dann kraulte sie ihn liebevoll am Bauch. Schließlich sah sie erneut missbilligend zu mir. „Jetzt entschuldigen Sie sich doch!“
Ich verdrehte abermals die Augen. „Okay, okay. Bello, es tut mir leid!“
Sofort sprang der Köter wieder auf die Beine und kam auf mich zu. Wedelte mit dem Schwanz und grölte: „Ein Bett im Kornfeld! Wau! Wau! Wau!“
Empört sah ich die Dame an. „Und das war erst recht nicht Elvis!“
Sie entgegnete: „Dieser Hund ist halt international!“
„Dieser Hund ist eine ... eine Mogelpackung!“, wütete ich. „Jawohl! Eine Mogelpackung! Elvis Presleys Hund? Dass ich nicht lache!“ Ich tippte mir an die Stirn. „Dieses Viech ist doch irre! Singt nur Hits von anderen Sängern! Elvis Presleys Hund? Niemals!“
Doch die Dame gab nicht auf.
„Wenn ich es Ihnen doch sage! Dieser Hund ist eindeutig von Elvis. Er singt wie er, er swingt wie er. Und er tanzt wie er!“
Ich stutzte.
„Er ... er tanzt?“
Sie nickte ernst. Wandte sich wieder an den Hund.
„Los, Bello! Schwing dein Becken!“
Bello sah sie gutmütig an und baute sich auf.
Gespannt und atemlos verfolgte ich seine Bewegungen. Plötzlich legte der Basset einen perfekten Moonwalk hin.
„Hah!“, entfuhr es mir. „Einen Moonwalk! Das ... das... ist von Michael Jackson!“
Und dann legte der Hund los: „She loves me! Wau! Wau! Wau!“
Und: „We are the Children of the revolution! Wau! Wau! Wau!“

Er hörte gar nicht mehr auf. Trällerte voller Inbrunst.

„Who let the dogs out! Wuff! Wuff! Wuff! Wuff!“

Ich hielt mir die Ohren zu, drehte mich empört um, verließ das Gehege.

Die Dame stürmte mir nach. „Aber mein Herr!“, rief sie, „Sie müssen noch applaudieren!! Der Hund ist es so gewohnt!“

„Applaudieren?“ Ich war außer mir. „Dieser falsche Fünfziger hat Schläge verdient, aber keinen Applaus!“

Ich stampfte davon. Kam am Katzengehege vorbei.

Da hörte ich es: „You are always on my mind! Miau! Miau!“

Ich hielt inne. Sah die Frau an.

Die zuckte mit den Achseln: „Das ist Jimmy Hendrix' Katze!“

Es war einmal ...

Es war einmal ein Mädchen, das hieß Schneewittchen.
Rotkäppchen lief durch den dunklen Wald. Der Pfad zu ihren Füßen war ein geschlungener, halb verwucherter Weg, und nur wer alle seine Sinne beisammen hatte, vermochte diesem halb verborgenen Saum zu folgen. Der Wald war dicht und dunkel, alte Baumstämme ragten weit in den abendlichen Himmel.
„Boah ey", stöhnte Rotkäppchen, „jetzt latsch ich hier schon eine Stunde durch die Gegend und noch immer ist nix vom Haus der Alten zu sehen." Sie schlenderte durch den Wald, hatte die Warnung der Mutter noch in den Ohren: „Und Kind, sach mir nich, dass ich dich nich jewarnt hätte. Wenn's draußen zappenduster wird, sei bei der Omma. Der Wald is zu jefährlich."
„Jaja, Mum", hatte Rotkäppchen geantwortet, „mach dir ma keinen Kopp. Bin schon wieder pünktlich zu Hause."
Doch der Weg war weit, zu weit gewesen und so hatte sich Rotkäppchen verschätzt. Sie hatte noch einige Zeit unter einigen Bäumen gesessen und mit ihrem Handy gespielt, bevor sie aufgebrochen war. Nun musste sie erkennen, dass sie erst bei Anbruch der Nacht bei der Großmutter sein würde.
„So'n Scheiß. Und für das bisschen Kuchen und Wein muss ich jetzt so lange latschen. Omma sollte besser 'n Longdrink nehmen, da wird se wieder fit von."
Sie lief so durch den Wald und rappte ein Liedchen, da sah sie am Baume eine Gestalt sitzen. Sie war groß und kräftig, und als sie näher herankam, erkannte sie, dass der Fremde ganz behaart war. Sogar seine Augenbrauen waren zusammengewachsen.

„Hey, Mann“, rief sie, als sie die Gestalt erreichte, „wer bis'n du? Haste dich verlaufen?“
„Nein, mein schönes Kind“, flötete der Fremde und lächelte hintergründig. „Doch sage, wohin führt dich der deine Weg?“
„Mann! Drückst du dich strange aus. Ich bin Schneewittchen und auf'm Weg zu meiner Omma.“
„Und was, mein liebes Kind, willst du bei ihr?“
„Ich tu ihr ein paar Klamotten vorbeibringen. Kuchen und Wein.“
Der Mann lächelte noch immer.
„Ist das nicht gefährlich – hier so alleine im Wald?“
„Nö!“ Schneewittchen schüttelte den Kopf. „Hab ja ne´ Flasche CS-Gas dabei. Wenn mich einer anpackt, gibt's tierisch was auf die Fresse.“
„Und wo wohnt die, deine Großmutter?“
„Die Alte hat ‘n Einfamilienhaus am kleinen Bach.“
„Willst du nicht ein bisschen Zeit mit mir verbringen?“
In den Augen des Mannes blitzte etwas auf. Schneewittchen stutzte.
„Willste mich anmachen, Alter?“
„Nein, ich will nur ein bisschen mit dir plaudern.“
„Quatsch jemand anderes voll, ich hab zu tun.“
Mit diesen lieblichen Worten war sie auch schon wieder auf dem Weg. Der Mann lächelte geheimnisvoll.
„Wir sehen uns wieder.“
Er stand auf und eilte durch den Wald. Sprang über Busch und Wiese, über Baum und Strauch, bis er beim Haus der Großmutter angekommen war. Dort schlich er sich auf leisen Pfoten ins Innere. Rotkäppchen ahnte von all dem nichts. Leise rappend ging sie ihres Weges. Als es dunkel war, erreichte sie das Haus der Groß-

mutter. Als sie an die Tür trat, sah sie, dass die Pforte nicht verschlossen war.
„Was soll der Scheiß denn? Ist die Alte lebensmüde?“ Sie blickte durch den Türspalt nach innen. „Omma?! Omma?!“
Doch sie erhielt keine Antwort. Argwöhnisch trat sie ein. Die Großmutter lag auf dem Sessel und hatte sich eine Decke um Kopf und Körper gewickelt.
„Omma? Alles okay bei dir?“
„Ja, mein Kind“, antwortete die Großmutter, doch ihre Stimme war merkwürdig tief.
„Hasse Grippe?“
„Nein, mein Kind. Aber komm doch erst einmal näher, damit ich dich besser sehen kann.“
Rotkäppchen umrundete den Sessel und sah die Großmutter nun direkt.
„Boooah, Omma! Wat haste denn für große Schipsletten?“
„Damit ich dich besser hören kann.“
„Und Omma ...! Deine Augen! Die sind ja gigantisch. Haste gekifft?“
„Nein. Das ist nur, damit ich dich besser sehen kann.“
„Und deine Zähne. Sach ma, haste die falschen Dritten drin?“
„Nein“, knurrte da die Großmutter, „die sind da, damit ich dich besser fressen kann!“
Mit einem wütenden Sprung flog die vermeintliche Großmutter auf Rotkäppchen zu. Da erkannte das Mädchen den Fremden.
„Du Wichser!“, schrie Rotkäppchen. „Wat haste mit der Omma gemacht? Dir werd ich eins auf die Birne geben!“
Mit einer flinken Bewegung hatte sie den Elektroschocker in der Hand, gab dem bösen Wolf einen Stromstoß. Der jaulte und fiel zu

Boden. Schneewittchen ließ den Korb fallen. Gedankenschnell schoss sie vor. Trat ein-, zweimal in den Fremden hinein.
„Das turnt, was?“ Mit einer eleganten Drehung stand sie wieder vor ihm. „Na warte, du Pisser! Dir tret ich in die Eier!“
Gesagt.
Getan.
Der Fremde krümmte sich am Boden. Auf allen vieren floh er aus dem Haus.
Und die Moral von der Geschicht: „Betatsche bloß ein Großstadtkind nicht.“

Angestarrt

Starren mich hier alle an?
Ich hasse die Fahrten in der U-Bahn. Da steht man dicht gedrängt aneinander und fühlt sich wie die sprichwörtliche Sardine in der Büchse. Die Menschen mögen mich nicht, das spüre ich genau. Ich fühle mich beobachtet.
Etwa von den Lümmeln, die dort sitzen, die Füße auf den Sitzen. Diese Bengel mit den MP3-Playern im Ohr, aus denen schrille Musik dröhnt. Sie sehen in meine Richtung. Lachen. Über mich? Finden die mich etwa komisch?
Nur, weil ich keine schlampigen Hosen trage und eine umgedrehte Baseballmütze auf dem Kopf? Das sind mir die Richtigen. Null-Bock-Generation. Sprechen in einer unheimlichen Sprache, bei der jeder Satz mit „Ey“ oder „Boah“ endet.
Verurteilt mich nur, weil ich einen Job habe und jeden Tag artig ins Büro gehe, niemals unpünktlich oder auffällig bin. Vielleicht bin ich ja der Spießer, der ich eigentlich nie sein wollte. Aber ich bin zufrieden damit.
Starren mich hier etwa die Leute an?
Vielleicht diese wüsten Fußballfans, jeder mit einer Flasche Bier in der Hand? Grölen. Johlen. Haben keinen Anstand. Nehmen keine Rücksicht auf andere. Wahrscheinlich sind sie alle arbeitslos und leben von der Stütze.
Ich bin da anders ...
Bin ein anständiger Pfeiler des Systems. Lebe nicht so in den Tag hinein wie die. Pflege mich und achte auf mein Äußeres. Laufe nicht in diesen asozialen Klamotten herum wie die. Wahrschein-

lich sind die nur auf Ärger aus. Suchen einen, den sie zusammenschlagen können, weil er anders denkt und handelt als sie.
Vielleicht bin ich ja deswegen Ziel ihres Spottes?
Nur nicht provozieren lassen.
Man starrt mich an. Ich weiß es.
Dieser südländische Typ, der im langen Mantel da steht. Ja, er sieht in meine Richtung. Will er mich überfallen? Ich stelle meinen Aktenkoffer besser hinter mich. Ist sicherer. Gott sei Dank sind hier genug Menschen, da wird sich selbst der nicht trauen, mich anzugreifen. Vielleicht trägt er eine Waffe unter seinem Mantel. Vielleicht sogar ... eine Bombe?
Wäre ja hier ein lohnendes Ziel für Terroristen.
Diesen Typen kann man einfach nicht trauen. Jeder von denen könnte ein Schläfer sein. Es ist nur noch eine Frage der Zeit, wann es einen Anschlag in Deutschland gibt ... Warum nicht auch hier?
Und jetzt?
Ich traue denen nicht über den Weg. Die und ihr heiliger Krieg. Kennen keine Gnade und erwarten von uns Toleranz. Das kann doch nicht wahr sein.
Jetzt setzt er sich in Bewegung. Kommt auf mich zu. Oh Mann, das könnte gefährlich enden. Er sieht mich an. Seine dunklen Augen taxieren mich. Dann lächelt er.
Steigt aus.
Noch mal Glück gehabt.
Sie starren mich an.
Ich merke es doch genau.
Wollen sie mich überfallen?
Wollen sie mir den Schädel einschlagen?
Hassen sie mich?

Was ist mit diesen kahlrasierten Schlägern da vorne? Vielleicht Neonazis. Die hassen doch Typen wie mich. Tolerant. Gut situiert. Eigentlich hassen die doch jeden, schlagen wild drauflos, wenn sich eine Gelegenheit ergibt. Im Moment sind sie still, doch das kann sich von einem Moment auf den anderen ändern. Die sind unberechenbar. Schlagen jeden zusammen, der anders ist als sie.
Einer von denen kommt jetzt auf mich zu.
Er sieht mir direkt in die Augen. Oh Gott! Was hat der vor?
„Entschuldigen Sie bitte“, sagt er plötzlich mit sanfter Stimme.
Ich sehe ihn fragend an. Versuche selbstbewusst zu wirken.
„Ja?“
„Ihr Hosenstall ist offen.“

Auf Brautschau

Es war zu jener Zeit, als mich meine Freundin verlassen hatte. Ich kann nicht unbedingt von mir behaupten, dass ich jemand war, der geschickt mit Worten umgehen konnte. Ich gehörte eher zu den Sprachlegasthenikern, die etwas ungeschickter waren.

Dennoch hatte ich mir fest vorgenommen: Heute Abend gehst du aus und findest eine neue Frau!

Soweit der Plan.

Ich schniegelte und bürstete mich. Dieses Mal etwas mehr als sonst, nahm das teuerste Parfüm und kleidete mich in meinen edelsten Zwirn. Im Spiegel betrachtet, war ich mir eigentlich sicher: Einem so prächtigen Mann kann keine widerstehen.

Ich zwinkerte mir aufmunternd zu und begab mich in die nächste Diskothek. Nach kurzer Suche hatte ich eine beachtenswert schöne Frau entdeckt. Vielleicht etwas viel Make-up, aber die Formen stimmten und auch das Aussehen. Ich machte mich vorstellig.

„Guten Abend, bist du öfter hier?“

Ein scheeler Blick.

„Ne.“

Desinteressierter Seitenblick.

Also noch ein verzweifelter Versuch.

„Ich habe dich hier noch nie gesehen.“

Tippt mir plötzlich einer auf die Schulter. Als ich mich umdrehe, erblicke ich einen Zwei-Meter-Hünen neben mir, dessen Schlagschatten mich völlig einhüllt.

„Was willste von meiner Perle?“

Der Riese hat Oberarme wie Arnold Schwarzenegger.

„Ach“, höre ich mich sagen, „das ist deine Freundin ... 'Tschuldigung ... konnte ich ja nicht ahnen.“
„Mach 'ne Flocke, bevor ich sauer werde.“
Ich ziehe es vor, seinem Rat nachzukommen. Ziehe mich schnellstens in eine der hinteren Ecken der Diskothek zurück.
Das war ein Schlag ins Wasser. Aber noch gebe ich nicht auf. Obwohl ... dieses Erlebnis hat mich doch etwas ernüchtert. Erst mal ein Bier.
Ich blicke mich weiter um. Entdecke eine kleine Blondine, modisch gekleidet, tiefer Ausschnitt. Die schreit doch förmlich danach, angesprochen zu werden. Elegant schlittere ich ihr vor die Füße.
„Guten Abend, schöne Frau.“
„Hi“, quiekt sie in schmerzhaft hohem Ton. Sie scheint schlecht gestimmt zu sein. Aber egal. Jetzt bin ich einmal dran.
Es entwickelt sich eine lebhafte Diskussion. Sie heißt Susi, ist das erste Mal hier im Laden. Sie mag gut gekleidete Gentlemen, die sie nicht nur wegen ihres Äußeren mögen. Ich gebe mir jede erdenkliche Mühe, nicht in ihren Ausschnitt zu glotzen. Muss mich dabei aber enorm anstrengen, da dieser mörderisch tief ist.
Ich gebe ihr einen aus. Trinke selbst noch ein Bier.
„Ich mag aber keine Männer mit einer Fahne“, gibt sie mir nach einer Viertelstunde zu verstehen und sieht mich vorwurfsvoll an. Verdutzt sehe ich ihr nach, wie sie sich zu einer Gruppe Mädchen zurückzieht. Man tuschelt, sieht in meine Richtung und kichert.
So ein Mist.
Also trinke ich noch ein Bier.
Etwas deprimiert stehe ich eine Zeitlang herum. Schaue hier, prüfe dort. Schließlich entdecke ich ein weiteres weibliches Geschöpf. Dieses Mal etwas Brünettes. Also ran an den Feind. Ich stelle mich

artig vor, frage, ob sie etwas trinken möchte. Sie stimmt dankend zu, lächelt mich freundlich an.
Na also, geht doch. Ich bestelle ein Getränk ihrer Wahl, mir ein weiteres Bier. Man kommt ins Gespräch. Sie heißt Heidi, ist geschieden und etwas deprimiert von den Männern. Schließlich seien die meisten untreue Halunken, die es nicht ernst meinen. Sie redet sich in Rage. Ich komme kaum zu Wort. Männer seien doch alle gleich. Sie wollen alle nur das Eine, und die, die nicht das Eine wollen, suchen sowieso nur eine Putzfrau für zu Hause.
Erstaunt versuche ich zu intervenieren, doch ich komme gar nicht dazwischen. Alle Kerle seien im Grunde ihres verdorbenen Herzens Chauvis, die nur an sich selber denken würden. Außerdem kenne sie keinen Mann, der treu sei. Kennt man einen Kerl, so kennt man alle.
Als ich mich nach einer Dreiviertelstunde endlich von dem schimpfenden Monster loseisen kann – ich rede mich heraus, ich müsse mal austreten –, bin ich heilfroh, endlich entkommen zu sein.
Mannomann.
Erst mal ein Bier.
Etwas angeschlagen sitze ich am Tresen und verfluche die Welt. So schwer hatte ich mir das nicht vorgestellt.
Vier weitere Biere sehe ich die Welt schon etwas gelöster. Auch ist die Auslese meiner Interessentinnen mittlerweile wesentlich wahlloser. Ich vergucke mich in eine Enddreißigerin am Ende der Theke. Sie ist mit einer Bekannten da, sitzt gelangweilt herum und scheint ihre Entscheidung, in diese Diskothek gegangen zu sein, zu bereuen.
Vielleicht ...?

Ich erhebe mich, muss dabei achtgeben, dass ich nicht zu sehr schwanke und spreche sie an. Sie heißt Margarethe, ist leitende Angestellte bei Quelle und überaus emanzipiert. Sie gibt mir schon nach wenigen Minuten zu verstehen, dass sie auf gar keinen Fall eine Nummer für eine Nacht sei und ich solle mir gar nicht einfallen lassen, es zu versuchen.
Stotternd verteidige ich mich, versuche ihre aufkommende Abwehr zu beschwichtigen, bestelle uns etwas zu trinken. Sie einen Cocktail, ich ein weiteres Bier. Sie wird etwas lockerer, erzählt mir, sie sei auf dem esoterischen Pfad, hätte sich vor Kurzem selbst gefunden. Ihre innere Mitte sozusagen. Ich gebe mich interessiert, erfahre viel über Chigong und Yoga. Außerdem sei sie schon einmal geboren worden. In ihrem ersten Leben war sie eine Kriegerprinzessin aus Nahost. Ein Mann hätte damals ihr Leben durch Intrige und Verrat beendet. So etwas würde ihr heute nicht mehr passieren.
Ich bemühe mich, ernst zu bleiben. Bestelle mir noch ein Bier. Ihr einen weiteren Cocktail.
Sie leert ihr Glas in erstaunlicher Schnelligkeit, sodass ich bald schon Nachschub holen muss. Insgesamt fünf Mal. Langsam wird mir die Dame unheimlich. Sie berichtet von Außerirdischen und vom Leben auf anderen Planeten. Ich fühle mich in einen Erich-von-Däniken-Roman versetzt.
Hüstelnd entschuldige ich mich. Mir wäre nicht gut, ziehe mich zurück an die Theke. Nach drei weiteren Pils habe ich die Frau vom Mars vergessen. Allerdings ist mein Mut ziemlich verflossen. Selbstzweifel nagen an mir. Ich bin voll wie ein Eimer und in keiner guten Stimmung.
„Was machst du denn für ein saures Gesicht?“

Ich drehe mich verwundert um. Vor mir steht eine wunderschöne Blondine. Alter schwer schätzbar. Liegt vielleicht an meinem Promillegehalt. Vielleicht aber auch an ihrem dezenten und gekonnt aufgetragenen Make-up.
Wir kommen ins Gespräch.
Sie heißt Mary und arbeitet als Model. Ihre Weiblichkeit betört mich ungemein. Wir unterhalten uns drei geschlagene Stunden. Sie ist nett, sehr weiblich und sie hat eine Art zu sprechen, dass ich ganz verzückt bin.
Als wir nach dem Abend bei mir zu Hause landen, kann ich mein Glück gar nicht fassen. Wir küssen uns stürmisch, ihre Leidenschaft ist wie ein Vulkan. Meine Hände wandern über ihren Körper. Ich bin heiß. Wir fallen in mein Bett, hastige und erregte Hände tasten über erhitzte Körper. Ich versinke in einem Meer aus Verlangen.
Meine Hände wandern über ihre Brüste, wandern tiefer, öffnen ihre Hose und ...
Ich schrecke hoch.
Sie lächelt mich an.
„Ich hätte dir vielleicht vorher sagen sollen, dass Mary die Kurzform von Mario ist ...“

Was ich mache, wenn ich tot bin

„Wie? Ich bin tot?"

Völlig verwirrt sah ich meine Frau an. Sie hielt ein Schreiben in den Händen, in dem ihr die örtlichen Behörden mitteilten, dass ihr Mann – also ich – in der Nacht zum 11.11.2035 verstorben sei. Mit Sterbeurkunde und amtlichem Siegel. Man bedauere ihren Verlust und werde alsbald die nötigen Unterlagen wegen einer Bestattung zuschicken.

„Das kann doch nur ein Irrtum sein", sagte ich, nahm den Brief und begab mich zwecks Aufklärung dieser bizarren Situation zum Rathaus. Dort wurde ich in Zimmer 234 bei einem Beamten vorstellig, einem älteren Herrn mit Hornbrille und Glatze. Empört legte ich den Brief auf den Tisch. Tippte mit dem Finger nachdrücklich darauf.

„Sie sind in meinem Computer als tot geführt", näselte der Sachbearbeiter kurz angebunden.

„Das muss aber ein Irrtum sein", antwortete ich aufgeregt.

„Nein, der Computer sagt, dass Sie in der Nacht zum 11.11.2035 verstorben sind."

„Aber ich stehe doch vor Ihnen, ich lebe."

„Nicht nach meinem Computer."

„Das ist doch Unsinn, ich lebe", beharrte ich.

Der Beamte gab etwas in seinen Computer ein, schob seine Brille auf die Nasenspitze und betrachtete mich ernst über den Rand.

„Sie sind tot."

Genervt verdrehte ich die Augen. Wir diskutierten noch eine Zeit lang über den Sinn von Leben und Tod und ich musste bald feststellen, dass dieser Beamte seinem Computer mehr vertraute als

mir. Ja, er vertraute ihm sogar mehr als der Tatsache, dass ich direkt vor ihm stand.
„Und wie komme ich wieder unter die Lebenden?“, fragte ich resigniert.
„Mit einer Geburtsurkunde.“
„Und wo bekomme ich die?“
„Zimmer 561.“
In Zimmer 561 angekommen, traf ich auf eine ältere Dame, das Haar streng zum Dutt gebunden.
„Guten Tag“, sagte ich, „ich bräuchte eine Geburtsurkunde.“
„Auf welchen Namen?“
„Auf meinen.“
„Wie, auf Ihren?“
„Ja, ich will wieder leben.“
„Aber Sie leben doch.“
Sie fühlte sich wohl von mir auf den Arm genommen. Verschränkte beleidigt die Arme vor der enormen Brust.
„Nicht nach dem Computer. Nach dem bin ich tot.“
„Ach?“
Sie schaute auf den Bildschirm und erkannte wohl das Problem.
„Na ja. Ich will wieder geboren sein“, sagte ich voller Hoffnung.
„Das geht aber nicht“, antwortete die Dame kopfschüttelnd. „Sie leben doch schon seit mindestens ...“ Sie schätzte mich mit einem langen Blick, „... dreißig Jahren.“
„Aber der Computer sagt, ich sei tot. Jetzt will ich wieder leben“, entgegnete ich.
„So einfach ist das nicht.“
Sie schüttelte energisch den Kopf. Und wieder: eine lange Diskussion über Leben und Tod. Dieses Mal jedoch noch mit dem Nebenaspekt „*Wann wird ein Mensch geboren?*“ Es war aussichtslos.

Sie erklärte mir, dass man mit dreißig Jahren schlecht als Neugeborener gelten könne.
So kehrte ich als Toter nach Hause zurück.
Als ich am nächsten Tag zur Arbeit kam, verweigerte mir der Computer den Zugang zum System. *"User verstorben. Zugriff verweigert"*, gab er mir zu verstehen. So hatte ich wegen des Sterbefalls sogar meine Arbeit verloren.
Selbst auf der Bank bekam ich Schwierigkeiten. Alle meine Konten waren vor meinem Zugriff gesperrt worden. Begründung: Todesfall.
Die nächsten Tage verbrachte ich deprimiert zu Hause. Irgendwann wurde es mir dann zu bunt. Wenn ich schon tot war, dann wollte ich zumindest meinen Spaß dabei haben.
Ich begab mich ins Kaufhaus in die Elektronikabteilung. Nahm mir eines dieser hochmodernen Holo-Filmgeräte und wollte den Konsumtempel verlassen. Der Alarm hielt mich jedoch zurück. Ebenso der Kaufhausdetektiv, der mir unmissverständlich zu verstehen gab, dass ich vorläufig festgenommen war. Ich folgte ihm ins Büro. Die Polizei wurde gerufen.
Als die Beamten mich mit auf das Revier nahmen und meine persönlichen Angaben in den Computer eingaben, staunten sie nicht schlecht.
„Sie sind ja tot."
„Genau", antwortete ich freudestrahlend.
„Wir ... wir können Sie dann gar nicht verhaften. Es gibt keinen Paragrafen, in dem Tote für ein Verbrechen zur Rechenschaft gezogen werden können."
Ich verabschiedete mich freundlich. Fuhr nach Hause.
Und trieb es auf die Spitze.

Wenn ich Lust hatte, Auto zu fahren, “borgte“ ich mir irgendwo eines aus. Fuhr links in den Straßenverkehr. Einbahnstraßen waren mir unbekannt. Rückwärts die Autobahn entlang. Einmal entlieh ich mir sogar einen Streifenwagen. Raste mit Blaulicht zwei Stunden lang durch die Gegend, spielte Verkehrspolizist.
Alles war möglich.
Die Polizei war völlig machtlos. Musste mich immer wieder laufen lassen.
Bei meinen “Einkäufen“ verschaffte ich mir ein großes Reservoir an Unterhaltungselektronik. Ich bediente mich in den Herrenbekleidungsabteilungen der Kaufhäuser, packte mir den Einkaufswagen im Supermarkt voll. Natürlich alles ohne zu bezahlen.
Langsam genoss ich es, tot zu sein.
Als es mir dann doch zu langweilig wurde, lief ich nackt durch den Park. Ein alter Herr, der die Tauben fütterte, schimpfte laut, als er mich sah. Ich setzte ihm einen wohlgeformten Haufen vor die Nase. Sprang um ihn herum und sang: „Ich bin ein nackter Flitzer. Halt mich doch fest, wenn du kannst.“
Meiner Frau wurde das langsam alles zu bunt.
„Das ist schon mehr als nur peinlich“, sagte sie erbost zu mir. Sie hatte sich in der Zwischenzeit kämpferisch darum bemüht, mich bei den Behörden wieder unter die Lebenden zu bringen. Bislang jedoch ohne nennenswerten Erfolg.
Mir war es egal. Ich hatte meinen Spaß.
Ich kannte mittlerweile alle Polizisten beim Namen und machte mir einen Spaß daraus, ihnen zu Weihnachten Grußkarten zu schicken (die ich irgendwo geklaut hatte), auf denen ich schrieb, wie sehr ich mich auf ihren nächsten Besuch freue. Ich trieb es wirklich arg. Ging in die Zentralbank, nackig, bedrohte die Kassiererin: „Wenn ich nicht sofort alles Geld bekomme, bespringe ich Ihre

Kundschaft." Oder: „Geld her oder ich pinkele euch an den Tresen."

Der ganze Spuk dauerte vielleicht ein halbes Jahr. Dann erkannten die Behörden plötzlich, dass sich auch Computer einmal irren können. Mit amtlichem Brief von höchster Stelle wurde mir mitgeteilt, dass alles doch nur ein schrecklicher Irrtum gewesen war. Natürlich wäre ich nie tot gewesen und natürlich erhielte ich meine Lebensberechtigung wieder zurück.

Irgendwie war ich enttäuscht, hatte ich mich doch an dieses Leben inzwischen gewöhnt.

So kehrte ich zurück unter die Lebenden.

Eine Woche danach klingelte es an meiner Haustür.

Alwin und Heinrich, zwei Polizisten, die ich gut kannte, standen in der Tür und sahen mich ernst an.

„Hallo!", rief ich völlig außer mir vor Freude. „Kommt doch herein, Freunde!"

Ich bot ihnen Kaffee an, doch sie schüttelten nur energisch den Kopf. Sahen mich mit todernsten Mienen an.

„Wir sind hier nicht auf Besuch", sagte Alwin.

„Ach?" Meine Augenbrauen hoben sich fragend. „Und warum dann?"

„Wir sind hier, um dich zu verhaften. Wegen fünfunddreißig strafrechtlicher Vergehen."

Ich lachte. „Das kann nicht sein. Kann man denn jemanden verhaften, der tot war, als er das getan hat?"

Die dunkle Gabe

Eines Abends stand plötzlich ER neben meinem Bett. Der Tod. Unerwartet. Plötzlich. Aufgetaucht wie aus einem bösen Traum. Erschrocken fuhr ich hoch. Starrte in das Antlitz dieses in eine weite Hülle gekleideten Gesellen. In seiner knochigen Rechten hielt er eine Sense, deren Klinge bedrohlich blitzte. Er sah aus, wie ich mir den Tod immer vorgestellt hatte.

„Ich bin hier, um dich abzuholen“, sagte er mit Grabesstimme und wies mit seiner beinernen Linken auf mich.

„Aber ich bin doch noch viel zu jung“, entgegnete ich fassungslos.

„Deine Zeit ist abgelaufen. Ich werde dich jetzt mitnehmen.“

„Das ist doch unmöglich! Und dazu unprofessionell.“

Bockig verschränkte ich die Arme vor der Brust. Erklärte ihm, er müsse sich in der Adresse geirrt haben. Wahrscheinlich auch beim Namen. Warf ihm vor, dass er schlecht recherchiert hätte, mies arbeite. Es könne wohl nicht sein, dass er die Falschen abhole. Er entgegnete, sich nie zu irren. Schließlich sei er der Tod, weise und allwissend. Er beharrte darauf, mich mitzunehmen.

Es entwickelte sich eine lebhafte Diskussion, in deren Verlauf ich ihn einen Scharlatan und Betrüger nannte. Ich beanstandete seine Willkür, wollte nicht einsehen, dass ausgerechnet ich ihm zu folgen hätte. Sinngemäß sagte ich zu ihm, jeder andere könne seinen Job besser machen.

„Du denkst also, du könntest es besser?“

Gevatter Hein war augenscheinlich schwer beleidigt.

„Wenigstens würde ich nicht die Falschen aufsuchen und mich nachts an ihr Bett schleichen ...“

„Dann soll es so sein: Jeder, den du von nun an berührst, soll dem Tode anheimfallen."
Mit hämmerndem Herzen erwachte ich. Schreckte aus dem Bett hoch. Neben mir hörte ich das gleichmäßige Atmen meiner Frau. War wohl doch nur ein Traum gewesen ...
Erleichtert sank ich zurück in die Kissen, fand diese Nacht aber kaum noch zurück in den Schlaf.

Der nächste Tag begann wie jeder andere vor ihm auch. Ich fuhr zur Arbeit. Da ich allerdings verschlafen hatte, verabschiedete ich mich nur mit hastigen Worten und ohne Frühstück von meiner Frau.
„Sie sind zehn Minuten zu spät!", schnaufte mein Chef und stemmte die Fäuste in die Seite. „Wo soll denn das hinführen, wenn hier jeder macht, was er will?"
Ich bewegte mich schuldbewusst mit möglichst großem Abstand an ihm vorbei zu meinem Arbeitsplatz.
„Ich habe Sie sowieso schon im Auge", knurrte er weiter und betrachtete mich mit zusammengezogenen Augenbrauen. In seinem Blick stand pure Abwertung.
„Viel fehlt nicht mehr ..."
Dieser Tyrann. Ständig hatte er irgendetwas an mir auszusetzen. Dabei war er noch nicht einmal so lange wie ich in der Firma. Er hatte den alten Abteilungsleiter abgelöst, der in Rente gegangen war. Seitdem er mein neuer Chef war, hatte ich eine schwere Zeit. Egal, was ich machte, es war verkehrt. Man konnte es diesem Ekel einfach nicht rechtmachen. Er gehörte zu der Sorte pedantischer Mensch mit wenig Einfühlungsvermögen.
Der Morgen verlief wie jeder andere. Ich verbrachte ihn mit Telefonaten und Kundengesprächen. In der Mittagspause ging ich, wie

jeden Tag, in die Kantine. Dort traf ich unerwartet auf Henri, einem alten Arbeitskollegen, der vor einigen Wochen in eine andere Abteilung versetzt worden war. Freudig erhob ich mich von meinem Tisch, als ich ihn erkannte. Streckte die Hand aus. Wollte ihn begrüßen.
„Henri! Mann, ist das schön, dich einmal wieder ...“
Seine Hand griff in die meine. Da verdrehte er die Augen und fiel um, einfach so, lag vor mir auf den Fliesen und regte sich nicht mehr. Sein starrer Blick war an die Decke gerichtet. Ich war erschrocken.
„Einen Krankenwagen!“, rief ich, völlig außer mir.
Der Notarzt konnte nur noch den Tod feststellen. Wahrscheinlich Blitztod, Herzversagen.
Bedrückt verbrachte ich den Rest des Tages hinter meinem Schreibtisch, bis mich der Feierabend schließlich erlöste. Als ich zu Hause ankam und die Garage verlassen hatte, bemerkte ich zwischen meinen Beinen eine Bewegung. Die Nachbarskatze. Ich bückte mich, streichelte ihr Fell. In derselben Sekunde brach sie zusammen.
Blieb liegen.
Tot.
Fassungslos betrachtete ich das arme Tier. Da dämmerte es mir. War der Traum von letzter Nacht vielleicht gar kein Traum gewesen? Hatte mich Gevatter Hein etwa wirklich besucht? Ich starrte auf meine Hände.
Das konnte doch nicht sein.
Das war doch völlig unmöglich!
Ich sprang ins Auto, düste los. Meine Gedanken rasten. Musste mich erst einmal sammeln. So irrte ich einige Stunden herum. Am Ende beschloss ich, der Angelegenheit endgültig auf den Grund zu

gehen. Sollte es wirklich so sein, dass durch meine pure Berührung Leben erlosch? Hatte mir der Tod ein grausames Erbe hinterlassen?

Mein Weg führte mich in eine der verrufenen Hinterstraßen der Stadt. Jene Straßen, in die sich nur die zwielichtigsten Gestalten trauten. Überall türmte sich der Müll. Prostituierte boten ihre Körper freizügig zum Kauf an. Üble Schlägervisagen überwachten dieses Geschäft mit eiskalten Mienen. Obdachlose lagen in Kellereingängen und Nischen.

Das Auto geparkt, begab ich mich in die verruchte Straße.

„Hey, du“, flötete eine der Bordsteinschwalben lasziv. „Wie wäre es mit uns beiden? Ich erfüllte dir alle Träume. Sogar die, von denen du nie geahnt hast, dass du sie träumst.“

Ich streckte die Hand aus. Berührte sie an der Schulter. Sie sah mich verblüfft an. Sekunden vergingen schleppend wie Stunden. Plötzlich wurde ihr Blick glasig. Sie verdrehte die Augen. Fiel wie ein Brett nach hinten. War tot.

Ich strauchelte zurück, stieß gegen jemanden.

„Hey! Pass doch ...”

Die Gestalt sprach nicht zu Ende. Keuchte nur leise. Fiel um.

Völlig außer mir floh ich zum Auto.

Jetzt hatte ich Gewissheit. Also war es doch wahr. Ich hatte das dunkle Erbe des Todes. Ich konnte durch bloße Berührung jedem Lebewesen den Lebenshauch rauben. Es reichte tatsächlich nur ein einziger Körperkontakt.

Ich fuhr nach Hause. Meine Gedanken rasten noch immer. Wie sollte ich in Zukunft mit den Menschen umgehen? Pure Höflichkeit konnte einem Menschen das Leben kosten.

In der Tür wollte mich meine Frau mit zärtlichem Kuss begrüßen. Ich wich zurück. Etwas erstaunt sah sie mich an, nahm es hin. Ich verschwand im Schlafzimmer, zog mir die Decke über den Kopf, zitterte am ganzen Körper.

In der nächsten Zeit schob ich Gründe vor, sie nicht berühren zu müssen, was sich als äußerst schwierig darstellte. So gut es auch nur ging, vermied ich es, ihr in die Quere zu kommen. Vermied jeden Kontakt.

Das war wohl das Härteste, das ich je in meinem Leben tun musste. Ich liebte meine Frau. Sie war mein Ein und Alles. Umso schmerzhafter war es für mich, in den darauffolgenden Wochen erleben zu müssen, wie sie um mich zu kämpfen begann. Sie war wohl davon überzeugt, ich liebte sie nicht mehr. Doch ich konnte nicht anders. Was hätte ich tun sollen? Mit Engelszungen versicherte ich ihr, dass ich sie noch liebte wie am ersten Tag. Doch straften meine Taten die Worte Lügen.

Sie begriff nicht.

Wie hätte sie auch? Ich verstand es ja selbst nicht.

In der Firma lief alles seinen üblichen Gang. Mein Chef belud mich immer mehr mit Arbeit. Trieb mich zur Eile. Warf mir Unzulänglichkeit vor.

„Wenn ich drei von Ihrer Sorte hätte, könnte ich den Laden zu machen“, hörte ich ihn schimpfen.

Ich hasste meinen Job, hasste ihn.

In einer stillen Minute in der Kantine, ich saß wie immer alleine, kam mir dann *der* Gedanke. Warum sollte ich nicht von meinem dunklen Können profitieren? Wieso sollte ich es nicht für meine Zwecke einsetzen?

Ich beschloss, mir die Gabe zunutze zu machen.

Nach der Mittagspause schlenderte ich pfeifend zu meinem Schreibtisch zurück. Mein Plan war unkompliziert und einfach in der Ausführung. Ich nahm mir eine Akte vom Schreibtisch,

klemmte sie mir unter den Arm und begab mich in das Büro meines Vorgesetzten.
„Was ist?“, grollte er und blickte mich über den Rand seiner Brille düster an. Seine fleischigen Hände trommelten einen ungeduldigen Takt auf dem Holz des Tisches. „Ich habe keine Zeit.“
„Ich wollte Sie um einen Rat fragen“, sagte ich mit ruhiger Höflichkeit. Zog die Akte unter meinem Arm hervor und hielt sie ihm hin. Dabei merkte ich, wie ich zitterte.
„Ich würde gerne Ihre Meinung über diesen Vorgang hören.“
Missmutig betrachtete er mich einige endlose Sekunden. Dann verschränkte er die Arme vor der Brust.
„Muss ich denn jetzt schon Ihre Arbeit mit machen?“ Seine Augenbrauen schoben sich tief ins Gesicht. Er atmete hörbar aus.
Ich hielt ihm die Akte näher hin. Streckte mich fast über den ganzen Tisch. Er griff nach dem Vorgang. Dabei berührten sich unsere Finger. Nur für einen Sekundenbruchteil. Er riss die Augen auf, keuchte. Seine Augen wurden groß, drohten aus den Höhlen zu quellen. Langsam, wie in Zeitlupe, sackte er nach vorn und blieb erstarrt auf dem Schreibtisch liegen.
Ich heuchelte Angst, schrie um Hilfe, rief nach einem Notarzt. Meine Arbeitskollegen kamen herbeigeeilt. Hektik. Doch selbst sofort eingeleitete Erste Hilfe und der später folgende Notarzt vermochten diesen gemeinen Schuft nicht mehr ins Leben zurückzuholen.
Welch ein Triumph!
Und es wurde noch besser. Durch das plötzliche Ableben dieses Tyrannen wurde nun sein Platz frei, man beförderte mich. Ich wurde Vorgesetzter der Abteilung. Unter mir arbeiteten von nun an zehn Angestellte. Mein Gehalt stieg.

Anfangs war es etwas schwierig, da ich es geschickt anstellen musste, ohne Handschlag Kunden oder Verhandlungspartner zu begrüßen. Ich erfand Ausreden wie Schnupfen oder einen ansteckenden Pilz, der mich angeblich heimgesucht hatte. Ich wurde ein wahres Genie, was Ausreden anging. Einige Wenige wunderten sich zwar über mein merkwürdiges Verhalten, doch im Großen und Ganzen schaffte ich es, dem direkten Kontakt mit Menschen aus dem Weg zu gehen.

Meine Frau litt am meisten unter meiner Distanz. Es tat mir in der Seele weh, wenn ich sah, wie sehr sie mein Verhalten verletzte. Ich schlief mittlerweile nicht mehr im gemeinsamen Ehebett. Hatte mein Nachtlager im Wohnzimmer aufgeschlagen. Sagte ihr, ich bräuchte etwas Zeit und Ruhe für mich. Ging ihr aus dem Weg, so gut ich nur konnte.

Doch was hätte ich machen können? Ich musste sie doch schützen. Es hätte mir das Herz gebrochen, wenn ihr durch meine Unachtsamkeit etwas geschehen wäre. Auf der anderen Seite konnte ich ihr nichts von meinem dunklen Können erzählen.

Nach wie vor war mir meine dunkle Fähigkeit von unglaublichem Nutzen. Unangenehme Konkurrenten wurden einfach mit Handschlag begrüßt oder ich klopfte ihnen freundschaftlich auf die Schulter. Niemand vermochte mir etwas nachzuweisen. Einige wurden zwar hellhörig, als sie erfuhren, mit wem die Verstorbenen den letzten Kontakt gehabt hatten, aber niemand konnte einen Zusammenhang zwischen mir und den Toten ziehen.

So vergingen die Wochen.

Das war ungefähr der Zeitpunkt, an dem ich feststellte, dass meine Frau sich langsam von mir abwandte. Durch einen dummen Zufall – ich kam eines Tages früher von der Arbeit – ertappte ich sie vor

der Haustür, wie sie mit einem gut gebauten Jüngling intensiv sprach.
„Wer war das?“, fragte ich verwirrt.
„Das war Bernd“, antwortete sie mir kühl und verschränkte die Arme vor der Brust. „Ich habe ihn im Fitnessstudio kennengelernt. Da du ja kaum noch Zeit und Lust hast, dich um mich zu kümmern, gehe ich heute Abend mit ihm essen.“
„Aber ... aber das kannst du nicht machen.“
Ich war völlig verstört.
„Ich weiß nicht, ob es noch einen Sinn mit uns macht“, entgegnete sie mir und ich hörte, dass ihre Stimme dabei schwankte. „Du scheinst mich nicht mehr zu lieben.“
„Das ist doch Unsinn!“ Im ersten Moment war ich versucht, ihr die Wahrheit zu sagen, doch ich verwarf den Gedanken in derselben Sekunde wieder. „Ich liebe dich, Schatz! Ehrlich! Du ... du bist für mich die wichtigste Person in meinem Leben!“
„Davon merke ich nichts. Du hast mich in den letzten Wochen wie Luft behandelt. Ich denke, wir sollten uns eine Auszeit nehmen. Ich kann so nicht mehr weiterleben.“ Sie wandte sich schroff ab und ließ mich mit meinem Schrecken stehen.
Nicht auch das noch ...
Eine unglaubliche Wut kroch in mir hoch. Wut auf diesen fremden Kerl. Wut auf mein dunkles Können. Der Preis war entschieden zu hoch. Ich konnte auf alles verzichten, aber nicht auf sie.
Am besagten Abend folgte ich meiner Frau und musste mitansehen, wie sich die beiden wie ein verliebtes Teenagerpaar begrüßten. Er tupfte ihr zärtlich einen Kuss auf die Wange, dann fuhren sie zu einem Restaurant in der City. Ich beobachtete mit verzweifelter Wut, wie die beiden lachend und flirtend am Tisch saßen. Sah mit grimmigem Blick, wie sich die zwei aufführten, als seien

sie ein Liebespaar. Er kaufte ihr sogar Rosen. Benahm sich wie ein liebestoller Gockel. Sie hielten Händchen und ihre Blicke waren ineinander verschlungen.
Mir wurde in dieser Sekunde schmerzhaft klar, dass ich ein ernsthaftes Problem hatte. Sie ging an einen anderen verloren. So glücklich hatte ich meine Frau schon lange nicht mehr gesehen. Tat verdammt weh!
Ich verfolgte sie, als er sie nach Hause brachte. Sah mit an, wie sie sich noch lange angeregt im Auto unterhielten. Nachdem sie ausgestiegen war und er losfuhr, hängte ich mich an ihn. Setzte ihm unauffällig nach. Er fuhr durch die halbe Stadt, erreichte ein Viertel mit kleinen Häusern und hielt vor einem an. Parkte sein Auto. Stieg aus. Eilig tat ich es ihm gleich. Lief zu ihm herüber. Ich war in diesem Augenblick zu allem fähig. Die Bilder des Abends hatten sich mit schmerzhafter Intensität in meinen Kopf gebrannt. Ich wollte sie nicht verlieren, durfte sie nicht einfach aufgeben.
„Entschuldigung!“, rief ich.
Er drehte sich verwundert um.
Meine Hand schoss vor. „Guten Abend“, sagte ich.
Sein Reflex bedeutete das Ende meiner Probleme.
Meine Frau war die erste Zeit ziemlich niedergedrückt. Ich gab den besorgten Ehemann, fragte nach, was los sei. Obwohl sie mir nie sagte, was sie bedrückte (ich wusste es ja selbst zu gut), schaffte ich es dennoch, ihr wieder ein Stück näherzukommen. Meine Abende waren nunmehr damit gefüllt, dass ich um meine Ehe kämpfte. Wir redeten. Nächtelang. Ich schaffte es Stück für Stück, ihr Vertrauen zurückzuerlangen. Schaffte es, ohne die geringste Berührung, sie wieder für mich zu gewinnen. Es brauchte Zeit, aber ganz langsam ging es wieder bergauf.

Insgeheim hoffte ich, dass mein dunkles Können mich eines Tages verlassen würde. Es konnte einfach nicht so weitergehen. Doch die Katastrophe sollte erst noch kommen. Sie kündigte sich, wie die meisten, harmlos an.
Es war ein Tag wie jeder andere gewesen. Ich hatte gearbeitet, kam nach Hause. Da traf ich meine Frau zitternd im Wohnzimmer an. Sie blickte mich aus großen Augen an. Saß steif auf der Couch. Erschrocken ließ ich die Autoschlüssel fallen.
„Was ist passiert?!"
Sie stand langsam auf, hielt mir einen kleinen Zettel hin und kam langsam auf mich zu.
„Es ist passiert", stammelte sie und in ihren Augen konnte ich die verwirrende Anzahl von tausend Gefühlen erkennen. Sie waren wie ein vom Sturm aufgepeitschtes Meer. Unzählige Emotionen schwangen wie Brecher in ihren Pupillen. Sie war völlig aufgelöst.
Und wieder: „Es ist passiert."
Verwirrt stand ich vor ihr.
„Was?", fragte ich. Konnte mich nicht entscheiden, ob ich einem Unglück oder einem Wunder beiwohnte. „Was ist passiert?!", erkundigte ich mich noch einmal.
„Wir haben gewonnen", antwortete sie mir. Plötzlich wurde aus ihrer verstörten Ruhe ein Freudenschrei. „Wir haben im Lotto gewonnen! Sechs Richtige!"
Sie warf den Zettel in die Luft.
Tanzte.
Sprang vor.
Mit den Worten „Wir sind reich, Schatz" mir direkt in die Arme.

Der total weiche Todesengel

Als ich eines Abends von der Arbeit nach Hause kam, war es geschehen; man hatte bei mir eingebrochen. All mein Hab und Gut lag kreuz und quer verteilt am Boden, alles hatten die Diebe aus den Schränken und Schubladen herausgerissen und über den ganzen Fußboden verstreut. Es sah aus wie nach einem Bombenangriff.

Jacqueline, meine Freundin, sah mich erschrocken an.

„Fehlt irgendetwas?“

Ich sah in meinen Verstecken nach.

Nein.

Sparbücher und Scheckhefte waren noch alle da. Selbst mein Bargeld hatten die Diebe nicht angerührt. Fernseher und andere Unterhaltungselektronik fehlten auch nicht. Auch meine geheime Pornosammlung war unangetastet geblieben. Alle Filme und Magazine aus den Achtzigern, alles wahre Raritäten, waren verschont worden.

Was hatten sie sonst mitgenommen?

Ich durchsuchte mein Wohnzimmer.

Nichts.

Ich durchsuchte den Korridor.

Nichts.

Ich durchsuchte sogar das Bad.

Doch auch hier fehlte nichts.

Als ich ratlos ins Schlafzimmer kam, fiel es mir wie Schuppen aus den Haaren. Konnte ich mich irren?

Nein.

Er fehlte. War geklaut worden.

Ausgerechnet er!
Mein geliebter Plüschhund.
Was wollten Diebe mit einem einäugigen, fast vierzig Jahre alten Hund?
Zeter und Mordio! Pest und Galle!
So eine Niedertracht!
Diese Gangster!
Dieser Stoffhund bedeutete mir viel. Ich hatte ihn seit meiner Kindheit. Seitdem schlief ich mit ihm in einem Bett. Eine Nacht ohne meinen Flocky konnte ich mir gar nicht vorstellen.
Als die Polizei kam und die Beamten mich nach meinem Verlust fragten, antwortete ich zu Tode betrübt: „Ja, mein Plüschhund."
Der Polizist sah mich an, als käme ich aus der geschlossenen Anstalt.
„Einen ... einen ... was ...?"
„Na, meinen Stoffhund", erklärte ich. „Sie müssen die Diebe finden! Dieser Plüschbasset ist mehr wert als alles, was ich habe! Nehmen Sie Fingerabdrücke! Oder ... oder besser noch: DNA-Spuren! Leiten Sie eine Ringfahndung ein!"
„Wegen eines Plüschhundes?"
Kopfschüttelnd ließ mich der Beamte stehen.
Ich war der Verzweiflung nahe.
Jacqueline sah mich bedauernd an.
„Ich kaufe dir einen neuen Hund."
„Ich will keinen neuen, ich will meinen Flocky!"

Flocky blieb verschwunden. Knapp drei Tage nach dem Einbruch kam ein Brief an. Er war ohne Absender. Als ich ihn öffnete, bekam ich fast Stehhaare. Dort stand, mit ausgeschnittenen Zeitungsbuchstaben zusammengeklebt: „Wir haben Ihren Hund.

Wenn Sie ihn zurück haben wollen, zahlen Sie 10.000 Euro. Keine Polizei! Wir melden uns bei Ihnen."
Jacqueline war genauso fassungslos wie ich.
„Das war bestimmt die Russenmafia!"
Ich stutzte.
„Doch woher wissen die, wie wertvoll Flocky für mich ist?"
Die Polizei rief ich nicht. Stattdessen hob ich die erpresste Summe von meinem Sparkonto ab und wartete auf weitere Instruktionen. Die kamen zwei Tage später in Form eines Anrufes. Eine zur Unkenntlichkeit verzerrte Stimme forderte: „Bringen Sie das Geld heute Nacht in den Wittringer Wald, zum Ehrendenkmal, nehmen Sie dafür eine LIDL-Tüte. Stellen Sie die dort ab. Keine Polizei!"
Dann wurde aufgelegt.
Wie gefordert, legte ich das Geld in derselben Nacht ab. Doch die Neugierde hielt mich umfangen. Wer steckte dahinter? Wer spielte mir so böse mit?
Ich versteckte mich in den Büschen und behielt die Kohle im Blick. Zuerst geschah gar nichts. Dann, gegen Mitternacht, erschien eine kleine, schmale Gestalt. Sie sah sich immer wieder um und ging zielstrebig zur Tüte, nahm sie auf und sah hinein. Sie sah nicht sehr bedrohlich aus. So nahm ich all meinen Mut zusammen und sprang aus meinem Versteck.
„Hah! Erwischt!"
Die Gestalt fuhr herum, sah mich aus großen Augen an. Ich dachte, mich rührt der Schlag. Vor mir stand Jutta, meine Ex-Freundin. Wir hatten uns vor zwei Jahren getrennt.
Verdattert sah ich sie an.
„Das Geld steht mir zu!", knurrte sie und machte Anstalten, die Tüte unter ihre Jacke zu stopfen. „Du hast Flocky immer mehr geliebt als mich! Das ist die gerechte Strafe!"

„Jutta!“, sagte ich möglichst ruhig. „Wo ist Flocky?“
„Ich werde ihn dir zuschicken. Vielleicht! Aber dieses Geld, das ist Schmerzensgeld! So viele Nächte, in denen du Flocky mir vorzogst!“ Sie sah mich mit irrem Blick an. „Vielleicht schmeiße ich ihn ja auch weg! Dann ist endlich Ruhe! Ich hasse diesen Hund! Ja! Ich hasse ihn! Er ist schuld, dass wir auseinandergingen! Er ist schuld, dass ich zwangseingewiesen wurde! Er ist schuld, dass ich Medikamente nehme!“ Zitternd und augenzuckend starrte sie mich an. „Dieser Hund hat mich fertiggemacht! Er ist schuld! Jawohl! Schuld!“
„Jutta“, sagte ich aufgeräumt, „es ist nur ein Stoffhund!“
„Oh nein!“ Sie redete sich in Rage. „Dieser Hund ist das Böse! Er wurde vom Teufel geschickt, um mich fertigzumachen! Ist es dir nie aufgefallen? Wie verschlagen er guckt?“ Nun lief sie zur Höchstform auf. „Die Stimmen, die ich höre, erzählen mir von diesem Hund! Er ist ein Todesengel! Ein unschuldig dreinblickender Satan! Er wurde geschickt, um die Welt in den Abgrund zu stürzen! Und mit mir hat er angefangen! Er ist, so gesehen, ein Todesbasset!“
Langsam wurde mir angst und bange.
Jutta hatte die Augen aufgerissen und Spuckebläschen bildeten sich in ihrem Mundwinkel. „Mit diesem Geld werde ich ihn fertigmachen!“ Sie lachte irre. „Ich werde ihn vernichtend schlagen!“
„Vielleicht gibst du ihn mir zurück“, versuchte ich es, „dann könnte ich ihn ja bestrafen!“
Sie stutzte und blickte mich ernst und lange an. Dann sagte sie ruhig: „Würdest du das für mich tun?“
„Na klar“, log ich, „so ein böser Hund darf doch nicht frei herumlaufen!“

„Genau!“ Sie nickte wild. „Sperre ihn ein! Bringe ihn in den tiefsten Keller! Machst du das für mich?“
Ich nickte.
„Gerne, Jutta. Bringst du mich zu ihm?“
Sie nahm meine Hand und ich merkte, wie sehr sie zitterte. Sie führte mich aus dem Waldstück heraus in eine Nebenstraße. Nach wenigen Minuten waren wir am Ziel. Sie schloss eine Haustür auf.
„Warte hier auf mich!“
Ich nickte wieder.
Sie können sich bestimmt gut vorstellen, wie flau mir im Bauch war. Was war, wenn sie mich anfiel? Was war, wenn sie eine Waffe zog? Ich traute ihr mittlerweile alles zu.
Als sie wenige Minuten später erschien, hatte sie eine Plastiktüte in der Hand, die sie mir schweigend übergab. Als ich hineinsehen wollte, hielt sie mich hektisch zurück.
„Nein! Sieh nicht hinein! Er verhext dich sonst!“
Ich nickte.
„Ich werde ihn wegbringen.“
Dann ging ich. Kaum war ich um die Ecke, sah ich in die Tüte.
Ja.
In der Tüte war Flocky. Und er war unversehrt. Ich rief die Polizei und ging nach Hause.
Das Geld bekam ich zurück.
Was aus Jutta wurde, weiß ich nicht. Ich sah sie nie wieder.
Jetzt liegt Flocky neben mir im Bett und ich sehe ihn nachdenklich an. Sieht so ein Todesbasset aus? Ein Engel der Vernichtung?
Ich glaube nicht.
Plötzlich kommt Jacqueline herein. Sie blickt den Hund ernst an, dann mich.
„Ich glaube, du magst diesen Köter viel lieber als mich ...“

Ein kleines Dankeschön

Jedes Jahr dasselbe. Es weihnachtet und ich habe den Stress. Mein Mann und die Kinder freuen sich jedes Jahr aufs Neue auf die Festtage. Für mich bedeutet es Arbeit und viel, viel Aufregung.
Da muss der Einkauf gemacht werden, ich fahre mit unserem kleinen Wagen in die Stadt. Natürlich hat es geschneit und ich schlittere mit dem Auto durch die Kurven. Hat mein Mann an die Winterreifen gedacht?
Im Supermarkt lade ich den Einkaufswagen voll und versuche, an alles zu denken. Zum Überfluss rammt mich noch eine alte Oma mit ihrem Einkaufswagen und sieht mich entrüstet bis zornig an. Ganz so, als wolle sie sagen: „Kannst du nicht aufpassen?!"
Doch ich habe keine Zeit zum Streiten.
Schnell zur Kasse und bezahlen, dann zum Auto. Ich zwänge die vielen Sachen in den kleinen Kofferraum, drücke hier, presse dort, bis alles halbwegs passt. Im Endeffekt muss ich den Kofferraum offen lassen. Ich fahre vom Parkplatz, da gerate ich in eine Polizeikontrolle. Bekomme ein Knöllchen wegen falscher Beladung.
Mein Mann bekommt von alledem nichts mit. Er ist auf der Arbeit und kommt erst gegen Mittag nach Hause. Alles bleibt an mir hängen!
Zu Hause angekommen, wird alles in den Kühlschrank und das Kühlfach gepresst. Auch der Kühlschrank ist zu klein. Gott sei Dank kann mich hier keine Polizei wegen Überfüllung drankriegen.
Die Kinder sind oben und ich höre ihre laute Musik durch das Haus schallen. Na ja, dann laufen sie mir wenigstens nicht ständig vor den Füßen herum.

Dann wird gekocht.
Entenbraten.
Der brät sich nicht von alleine, ständig muss man ihn im Auge behalten und Sud darüber gießen. Gleichzeitig schmücke ich den Weihnachtsbaum. Ist eigentlich Aufgabe meines Mannes, aber er redet sich heraus, er wäre arbeitsmäßig so eingespannt, dass er es nicht schaffe. So bleibt es an mir hängen.
O du fröhliche ...
Von fröhlich bin ich weit entfernt, denn während ich auf einem wackeligen Stuhl stehe und mich im Lametta verheddere, riecht es plötzlich ganz bedenklich aus der Küche.
Der Braten!
Ich springe vom Stuhl, verfange mich in der Lichterkette und rauschend fällt der Weihnachtsbaum. Natürlich direkt auf die offene Kaffeekanne, die einen Salto schlägt und ihren gesamten Inhalt auf dem Teppich entleert.
O du fröhliche ...
Ich fühle mich in einen Slapstick-Film versetzt. So etwas kann auch nur mir passieren! Da fällt mir der Braten wieder ein. Wie eine wilde Furie hetze ich in die Küche und anhand des vielen Rauches erkenne ich die drohende Gefahr. Ich reiße die Backofentür auf, verbrenne mich erst einmal kräftig und drehe fluchend die Temperatur herunter. Mit Sud lösche ich das Fleisch ab.
So geht es dann.
Anschließend kümmere ich mich um den Kaffeefleck. Eine geschlagene halbe Stunde tupfe und reibe ich, bis alles weg ist. Ich richte den Weihnachtsbaum wieder auf, entwirre die Lichterkette – nun schon zum vierten Mal an diesem Tag – und behänge die Tanne mit Lametta und Kugeln.
So!

Fertig!
Ich will mich gerade um den Rotkohl kümmern, da klingelt es an der Tür. Verwundert öffne ich. Da stehen zwei Männer in langen Mänteln vor mir.
„Haben Sie heute schon an Gott gedacht?“
„Ich ... äh ... habe keine Zeit.“
„Für Gott sollte man immer Zeit haben.“
Ernst sehe ich sie an.
„Aber ich habe einen Braten im Ofen!“
„Sie sind schwanger?“
„Nein! Einen richtigen Braten, zum Essen.“
Ich wimmele die zwei irgendwie ab. Doch auch das kostet mich fast eine halbe Stunde.
Zurück zu Braten und Rotkohl.
Schnell ein paar Äpfel klein geschnitten und zum Kohl dazu gegeben. Die Klöße blubbern bereits fröhlich vor sich hin. Da muss ich nicht mehr viel machen.
So, Zeit für eine kleine Zigarette.
Ich stehe auf der Terrasse, inhaliere den würzigen Rauch und genieße. Endlich mal fünf Minuten nur für mich. Verliere mich in Gedanken. Bin gespannt, was Frank mir dieses Jahr zu Weihnachten schenkt. Hoffentlich nicht wieder Töpfe und Geschirr oder so einen geschmacklosen Pulli wie vor drei Jahren. Stolz hatte er mich angelächelt und gesagt: „Ich habe etwas ganz Besonderes für dich!“
Ich hatte gute Miene zum bösen Spiel gemacht. Frank hat nicht die besten Einfälle, was Geschenke angeht. Daher habe ich schon ein paar Mal zwischendurch fallen lassen, dass ich dieses neue Varieté in Essen so toll finde.
Mal sehen, vielleicht wird es ja dieses Jahr etwas und ...

Verdammt!
Ich habe ganz vergessen, Franks Mutter abzuholen. Das wird mir diese olle Beißzange niemals verzeihen! Hält sie mich doch für eine ganz schlechte Partie für ihren Sohn. Ich bin ihr wohl zu modern und emanzipiert. Letztes Jahr nörgelte sie die ganze Zeit am Essen herum, und als Frank ihr unser Geschenk gab, ließ sie so etwas fallen wie: „Das hast du bestimmt alleine bezahlt, Frankie."
Dabei hatte sie mir einen vernichtenden Seitenblick zugeworfen.
Ich habe es schon lange aufgegeben, mich mit dieser Xanthippe, dieser Hexe, dieser Amazone, dieser Keiferin anzulegen.
Bringt ja eh nichts.
Ich bin auch schon lange nicht mehr sauer auf dieses Biest, diese Furie, diesen Keiler, diese verbitterte alte Vettel.
Ich telefoniere schnell mit Frank, er ist bereit, sie abzuholen.
Gott sei Dank!
Die Kinder sind abgelenkt, sie hören noch immer Musik. Gut, dann kann ich die Geschenke schon einmal holen und unter den Baum legen. Natürlich ist das Größte für Franks Mutter. Dieser unersättliche Schlund!
Zurück zum Braten. Er ist schon schön braun und knusprig. Ich glaube, der kann langsam raus. Ich schnappe mir die Topflappen, verbrenne mich natürlich noch einmal am Bräter und stelle die Ente auf den Tisch.
Schnell garniert.
Fertig.
Jetzt die Klöße und den Rotkohl. Das geht fix.
Niemand wird mir die ganze Arbeit danken, alle nehmen es als selbstverständlich hin. Ich funktioniere einfach und wenn nicht, ist Holland in Not. Essen zu Weihnachten. Geschenke. Ein sauberes

Haus. Die gute Ehefrau. Immer ein voller Kühlschrank. Jeden Tag etwas zu essen auf dem Tisch.
Wo bleibe ich da?
Das ist wohl das Schicksal einer Frau und Mutter ...
Langsam trudeln auch Frank und die alte Schachtel ein.
Dann kann es ja losgehen.
O du fröhliche ...
Als wir essen, sieht mich mein Jüngster mit leuchtenden Augen an.
„Mama! Das ist wieder einmal total lecker!“
Und der Älteste nickt: „Ja, Mama, du bist die Beste.“
Frank nimmt meine Hand und lächelt mich stolz an. Ich lese in seinem Blick: Meine Frau!
Na ja, eigentlich war doch alles halb so wild ...

Die Nacht des Weckers

Ich erwachte durch ein sonderbares Geräusch, schrak im Bett hoch. Was weckte mich? Ich hörte ein Geräusch, das aus der Ecke der Uhr kam, aber das Geräusch erinnerte mich eher an ein Quietschen. Ein Quietschen?

Als ich hinsah, blickten mich zwei übergroße Augen an. Tatsächlich, der Wecker besaß zwei riesige Glubscher.

„Na", höhnte er, „schon wach? Habe dich doch noch gar nicht geweckt!"

„Das kann nicht wahr sein", keuchte ich. „Ich träume ..."

Um mir Gewissheit zu verschaffen, kniff ich mir in die Wange und stellte fest, dass ich wach war.

„Du hast zwei Stunden Zeit zu schlafen", kicherte der Wecker, „also lasse dich von mir nicht stören."

„Aber du quietschst", entgegnete ich verwirrt.

„Oh! Habe nur ein wenig Schnupfen. Außerdem bin ich nicht so laut wie das Telefon."

„Moment mal", tönte es aus der anderen Ecke des Raumes. Nachdem ich das Licht eingeschaltet hatte, erkannte ich, wie mich mein Telefon aus wütenden Augen anstarrte. Und den Wecker ebenfalls. „Ich klingele seit langem nicht mehr", blaffte es den Zeitmahner an. „Du hingegen quietscht schon die ganze Nacht derart laut, dass selbst mir das Schlafen schwerfällt."

„Du stellst dich an!", polterte der Wecker.

„Gar nicht wahr! Du quietscht wie ein ... wie ein alter Bürostuhl!"

„Zieht mich nicht in eure Streitigkeiten", brummte eine Stimme vom Schreibtisch her.

„Na toll“, sagte der Wecker vorwurfsvoll zum Telefon, „du weckst ja die ganze Wohnung mit deinem Gemecker!“
„Ich meckere gar nicht! Du hast angefangen!“
„Habe ich gar nicht!“
„Wohl!“
„Ruhe!“, rief ich und sprang aus dem Bett.
„Jetzt habt ihr sogar den Chef geweckt“, warf der Drehstuhl den beiden anderen vor. „Ihr und euer ständiges Gezeter!“
„Gezeter?“, kreischte das Telefon und klingelte vor Zorn. „Ich muss mir nicht gefallen lassen, dass mich dieser Weckapparat blöd von der Seite anmacht!“
„Ruhe!“, schrie ich nochmals. „Verdammt noch mal! Ruhe!“
Sie schwiegen.
„Ich will jetzt nichts mehr von euch hören! Ihr dürftet gar nicht sprechen!“
Zornig tappte ich zurück zum Bett, löschte das Licht und warf mir die Decke über. Redende Geräte. Drehte ich jetzt endgültig durch oder war ich einfach nur überarbeitet?
„Gezeter“, klang es beleidigt aus der Ecke des Telefons.
„Jawohl!“, rief der Wecker. „Gezeter!“
„Du bist einfach streitsüchtig!“
„Was?! Ich?! Pack dir an die eigene Nase, du quietschende Nervensäge!“
Wieder entbrannte eine aufgebrachte Diskussion zwischen den beiden Rivalen. Keiner stand dem anderen sein Recht zu. Verzweifelt zog ich mir das Kissen über die Ohren. Ich wollte doch nur schlafen! War ich im Irrenhaus gelandet?
Mittlerweile waren die beiden Streithähne beim Sinn und Zweck ihres Daseins angelangt.

„Ich wecke den Boss jeden Morgen!“, jammerte der Wecker. „Du bist total überflüssig hier!“
„Hah!“, entgegnete das Telefon. „Wecken, das kann ich auch! Das ist keine große Kunst!“, und klingelte lautstark.
„Jedoch, grundsätzlich tust du das zur Unzeit! Du hast halt kein Benehmen!“
„Ruhe!“, schrie der Bürostuhl. „Der Chef will schlafen!“
So ging das die ganze Zeit. Die Streithähne wollten einfach kein Ende finden.
Es ging hin und her. Keiner wollte klein beigeben. Plötzlich mischte sich die Stereoanlage ein und übertönte alles mit lauter Musik, denn sie war beleidigt. Kam nicht gegen die beiden Klingelfritzen an. Fand keine Argumente mehr. Sie dudelte lauthals Bob Marley und im Anschluss Beethoven. Die Wände bebten.
Das ging so lange, bis die Polizei erschien.
„Wir haben eine Beschwerde erhalten, dass es bei Ihnen zu laut ist!“
„Das war ich nicht. Das waren meine ...“
Ich hielt inne.
„... meine Haushaltsgeräte ...“
Die Polizisten sahen sich mit undefinierbarem Blick an, tippten sich an die Stirn und verwarnten mich. Sie drohten mir an, dass, sollten sie noch einmal ausrücken müssen, mir eine Anzeige blühen würde. So entgegnete ich resigniert: „Ich werde für Ruhe sorgen.“
Entnervt ging ich zurück in die Wohnung. Ich schaute auf den überquellenden Aschenbecher und schwor mir: Nie wieder würde ich einen Joint anfassen!

Blinde Wut

Er hasste sie alle! Sein Hass war derart stark, dass ihn dieses Gefühl völlig durch- und überflutete. Sie alle waren verwöhnte und verweichlichte Idioten, die den Tod verdient hatten. Er würde sie bestrafen, denn sein Leben war verkorkst und sinnlos, ja, sogar pervers sinnlos geworden.
Und sie alle waren daran schuld!
Ihr werdet schon sehen, was ihr von eurer Dekadenz und Maßlosigkeit haben werdet, dachte er verbittert.
Sein Blick ging hinab zu seiner schwarzen Sporttasche. Dort lag sein Rachewerkzeug, dort wartete es darauf, zum Einsatz zu kommen, um es diesen entsetzlichen Trotteln heimzuzahlen, um Revanche zu nehmen. Er grinste bitterböse. Sie würden, wie üblich, nichts merken. Sie merkten ja nie etwas. Ihre Selbstsucht und ihr Egoismus ließen sie blind und dumm werden.
Nun war er da ...
Und er würde sie alle bestrafen!
Fast schon liebevoll streichelte er über seine Sporttasche und eine dunkle Vorfreude keimte in ihm auf, füllte ihn aus und ließ keinen anderen Gedanken mehr zu außer Rache. Sie würden noch lange von ihm sprechen; sie würden ihn in eine Ecke mit diesem Norweger Breivik oder den amerikanischen Amokläufern stellen.
Doch das war ihm egal.
Er wollte nur seine Rache.
Und für die war er bereit, alles zu riskieren.
Am Eingang der Stadthalle, die sein Ziel war, gab es keine Kontrollen, so konnte er seine Sporttasche unbemerkt hineinschmuggeln. Mit süffisantem Grinsen flog sein Blick über die feiernde

Menge. Auf einer Bühne sang ein halbtalentierter Mickie-Krause-Verschnitt dumme Schlager. Die Leute in der Halle klatschten und johlten, sangen mit und ließen sich noch mehr verblöden.
Der Rächer schüttelte den Kopf und wusste, dass seine Mission richtig war. Sie hatten alle seine Rache verdient und sie würden schlagartig erwachen.
Dafür würde er schon sorgen.
Er stellte sich in eine dunkle Ecke und beobachtete sein Ziel aufmerksam. Der Zeitpunkt musste stimmen. Er durfte nicht in einem falschen zuschlagen, musste DEN Moment abwarten.
Unvermittelt musste er an seine Ex denken. Komisch, dachte er verwundert, ich hätte ja damit rechnen können, dass ich an meine verkorksten Eltern denke, aber an Jutta?
Sie hatte ihn vor drei Monaten verlassen und war zu seinem Chef gezogen. Ausgerechnet zu ihm! Diesem dilettantischen Obertrottel, der sich ihm gegenüber immer aufgeführt hatte wie ein Tyrann.
Hätte sie nicht wegziehen können?
Nach Berlin?
Nach Los Angeles?
Auf den Mars?
Nein! Sie musste ausgerechnet in seinem Revier wildern. Vor seinen Augen. Jeden Tag sah er die beiden, wie sie händchenhaltend und schmusend im Büro dieses Despoten saßen.
Ekelhaft!
Der Rächer hatte nichts mehr zu verlieren. Freunde hatte er keine. Daran hatte er nie Interesse gehabt. Zudem fehlte ihm auch die Zeit dafür. Die Arbeit fraß jegliche Freizeit auf. Er hatte sich in den letzten Jahren tief in seine Karriere hineingekniet. Hatte den Posten gewollt, den dann vor einem halben Jahr dieser Volltrottel bekommen hatte.

Ja.
Er war zornig.
Auf Jutta. Auf seinen Chef. Auf die Kollegen. Auf die gesamte Menschheit.
Sie alle hatten seine Rache verdient. Und er würde über sie kommen wie ein Gewittersturm, wie ein Orkan der Unerbittlichkeit. Er würde sie bestrafen für sein Pech, für seine Erniedrigungen und sowieso für ihre unsägliche Dummheit. Seine Vorfreude war groß. Er merkte, wie er zitterte und musste sich zur Ruhe disziplinieren. Mit spitzen Fingern öffnete er die Sporttasche und sah sich noch einmal vorsichtig um. Wenn jetzt einer merkte, was er vorhatte, wäre alles umsonst gewesen.
Er lächelte wieder eiskalt.
Bald schon ...
Als jemand an ihm vorbeilief, duckte er sich tiefer in die Schatten der Ecke. Seine Rechte umschloss das kühle Metall des Griffes. Seine Linke fand die andere Pistole. Er zog die Waffen aus der Tasche und sah sich um.
Erstaunlich rational und aufgeräumt lotete er seine Ziele aus. Vielleicht diese fetten Blödmänner, die keine drei Meter von ihm entfernt am Tisch saßen und Bier in sich hineinkippten? Vielleicht aber auch diese halbstarken Idioten, die grölend und völlig besoffen auf diesen Mini-Mickie-Krause fixiert waren?
Dann sah er *ihn*.
Stadtrat Bernd Kobel. Die Augen des Rächers schlitzten sich und er wusste sofort: Das war sein erstes Ziel. Kobel saß am Kopfende des langen Tisches, circa sieben bis acht Meter von ihm entfernt. Er müsste durch die halbe Halle, um an ihn heranzukommen.
Ja.
Los!

Mit sicherem und abwägendem Schritt ging er auf Kobel zu. Als er einen Meter vor ihm stand, hob er die Waffen.

„Kobel!“, rief er. Der Stadtrat sah auf, erkannte die Gefahr und riss die Augen auf. Da drückte der Rächer ab.

Mit beiden Waffen.

Zwei Wasserstrahlen schossen auf den Stadtbeamten zu. Nässten ihn ein und gurgelnd starrte der ihn an.

„Stirb an Lungenentzündung!“, schrie er.

Der nervige Beifahrer

„So, jetzt in den zweiten Gang schalten ... Okay ... genauso ..."
Jacqueline verdrehte genervt die Augen. Immer, wenn ihr Freund neben ihr als Beifahrer im Auto saß, konnte er es sich nicht verkneifen, Anweisungen und Kommandos zu geben. Aber noch schlimmer war, dass er manchmal in die Gangschaltung griff oder ins Steuer.
„Blinker setzen ... ja ... genau ... und losfahren ..."
„Traust du mir eigentlich nicht zu, dass ich es alleine schaffe?", knurrte sie.
Marcus sah sie verdutzt an.
„Doch, schon, aber ich dachte, du wärest sicherer, wenn ich mit gucke."
„Ja", seufzte Jacqueline, „gucken, aber nicht kommandieren."
„Jetzt in den zweiten Gang schalten ... den Motor nicht zu sehr hochjagen ... ja ... genau!"
Mit knirschenden Zähnen kam sie seinen Anweisungen nach. Er lernte es wohl nie. Traute ihr wohl nicht zu, den Wagen sicher alleine zu steuern. Dabei sagte er doch immer wieder, wie gut sie fuhr. Nachdem sie den Führerschein gemacht hatte, war sie jahrelang nicht gefahren, weil sie Angst davor hatte. Erst seit sie mit Marcus zusammen war, traute sie sich wieder. Und es klappte ganz gut.
„Vorsicht!", rief er auf einmal und seine Hand schoss zum Lenkrad, um es nach rechts zu drehen. „Der LKW!"
Sie fuhr rechts heran, machte den Motor aus und sah ihn zornig an.
„Schatz! Es reicht! ICH fahre Auto und nicht DU!"

„Aber“, er sah sie bedröppelt an, „du willst doch, dass ich mit aufpasse?“
„Ja“, schnaufte sie ärgerlich, „aufpassen! Aber nicht eingreifen!“
Beleidigt verschränkte er die Arme vor der Brust.
„Kann ich jetzt?“, fragte Jacqueline wütend.
Er schwieg.

Drei Tage später fuhren sie wieder in die Stadt. Als sie an eine Rechts-vor-links-Kreuzung kamen, rief er plötzlich: „Aufpassen! Rechts vor links! Bremse! Bremse!“
Sie bremste und sah ihn fragend an. „Was ist? Da ist doch nur ein Auto!“
Mit hochrotem Gesicht nickte er.
„Ja, aber ... aber der hatte Vorfahrt.“
„Ich weiß es doch“, seufzte sie, „du solltest etwas mehr Vertrauen in mich haben!“
„Habe ich doch!“
Sie schüttelte den Kopf.
„Nein, hast du nicht. Du traust mir nicht allzu viel zu.“
„Du bist eine Frau“, erklärte er trocken. „Die fahren nun einmal etwas ... etwas ...“
„Etwas ...?“ Wütend sah sie ihn an. „Nur raus damit!“
Er merkte wohl, dass sie aufgebracht war, lächelte versöhnlich: „Etwas abenteuerlich ...“
„Abenteuerlich?“, prustete sie.
Jetzt bekam er rote Wangen.
„Aber Schatz ... ich ... ich wollte doch nur ... ich habe doch nur ... ich meinte doch nur ...“
„Du vertraust mir nicht!“, zischte Jacqueline. „Glaubst du, dass alle Frauen schlechte Autofahrer sind?“

„Nicht direkt ...“
„Und indirekt?“
„Äh ... äh ... Frauen haben eine höhere Unfallquote.“
„In welchem Machomagazin hast du das denn gelesen?“
Sie fauchte ärgerlich.
Er schien zu kapieren, dass er sich auf sehr dünnem Eis bewegte. Daher wollte er wohl relativieren: „Aber du fährst gut.“
„Aber nicht so gut wie du?“
„Äh ... äh ... nein ... glaube ich nicht.“
Abrupt trat sie auf die Bremse, sodass der Wagen quietschend stehen blieb. Hinter ihnen hupte jemand zornig.
„Du Arsch!“, wütete sie. „Du Chauvi!“
Seine roten Wangen wurden noch roter.
„Aber ... aber Schatz ... ich liebe dich doch ...“
„Und was ist mit Vertrauen?“
„Beim Autofahren?“
„Nein! Bei der Raumfahrt!“
Sie hatte wohl genug.
Hinter ihnen hupten einige Autos.
„Fahre weiter“, bat Marcus, „die hinter uns sind schon verärgert!“
„Ist mir egal!“ Sie war wohl sehr sauer. „Hast du mich etwa angelogen, als du sagtest, ich fahre gut?“
Unsicher sah er sie an. „Nein ... nein ... Woher kommt denn das auf einmal? Ich habe doch nur gesagt, dass du ... äh ...“
„... dass ich was?“
„Dass du ... äh ... dass du ... äh ...“
„Los!“, forderte sie. „Nur raus damit!“
„Jetzt sei doch nicht so zänkisch!“, maulte er.
„Zänkisch?“ Sie riss die Augen auf. „Du ... du Blödmann!“
Sie schnallte sich ab, griff zum Türöffner.

„Was hast du vor?“, fragte er.
„Wenn du besser fahren kannst als ich, dann fahre auch gefälligst!“
Sie öffnete die Tür und sprang hinaus. Umrundete den Wagen und riss die Beifahrertür auf. Als er nicht schnell genug reagierte, schnaufte sie: „Los! Schnalle dich ab und setzte dich hinter das Steuer!“
Er tat, wie ihm geheißen, und als er hinter dem Lenkrad saß, sah er sie besänftigend an.
„So ist es wohl wirklich besser ...“
Beleidigt verschränkte sie die Arme vor der Brust.
Marcus drehte die Zündung und erklärte wenig diplomatisch: „Ist wirklich besser so!“
Ich sollte mich scheiden lassen, dachte Jacqueline bitter. Dieser Macho glaubt wirklich an das, was er da sagt.
Gott sei Dank ist sie vernünftig geworden, dachte er erleichtert. Wer weiß, wie es sonst geendet hätte?
Ein alles vernichtender Blick von ihr traf ihn. Er sah es nicht, startete den Wagen und wollte losfahren, da knallte es laut und ein Ruck ging durch den Polo. Marcus sah sie verdutzt an. Als sie ausstieg, sah sie, dass er jemandem die Vorfahrt genommen hatte. Der Andere war voll in seine Seite gefahren.
Voller Genugtuung sah sie ihn an.
„Und nun, du Meisterfahrer?“
„Äh ... äh ... Kacke!“
Ein genervter älterer Mann kam auf ihn zu.
„Sie hätten mich vorbeifahren lassen müssen!“, schimpfte er. „Sie sind schuld!“
Jacqueline lehnte sich mit spitzem Lächeln gegen den Polo.

„Nun, du Michael Schumacher für Hausfrauen?“, flötete sie. „Wer fährt jetzt besser Auto?“
Resigniert betrachtete er sie. „Ich gebe auf ...“
Sie grinste triumphierend. „Soll ich nach Hause fahren?“

Das Ego der Frauen

Nicole arbeitete als Kellnerin in einer kleinen Kneipe in der City. Neben ihrem Studium war das eine lukrative Einnahmequelle und sie mochte ihren Job eigentlich.

Eigentlich ...

Wäre da nicht dieser Gast gewesen. Ständig glotzte er sie an und zog sie mit seinen Blicken aus. Dabei war er nicht einmal attraktiv. Er war dick und sein Schädel schon kahl und blank.

Er kam fast jeden Tag, trank ein Malzbier und ein Hefeweizen und fraß Nicole dann mit Blicken regelrecht auf. Es gab keine Sekunde, in der er nicht glotzte. Wenn sie sich bückte, um Arbeiten unter dem Tresen zu verrichten, reckte und streckte er sich, um einen Einblick in ihr Dekolletee zu erhaschen. Dabei gab er sich noch nicht einmal Mühe, seine Geilheit zu verbergen.

Wenn Nicole mit ihrer Chefin darüber sprach, winkte die ab. „Gewöhne dich daran", sagte sie dann meistens. „So sind die Kerle. Außerdem gibt er immer ein großzügiges Trinkgeld."

Nicole strafte ihn mit eisiger Missachtung.

Sie bediente ihn immer als letzten und ließ ihn auch spüren, dass er in ihren Augen nichts wert war. Das war aber auch die einzige Art des Kampfes, die man ihr erlaubte. Schließlich galt auch hier der Satz: Der Kunde ist König.

Dann kam plötzlich der Tag, als alles anders wurde. Er kam ohne Vorwarnung, ohne Ankündigung.

Von heute auf morgen glotzte er nicht mehr.

Wenn Nicole an ihm vorüber ging, nahm er nicht einmal mehr Notiz von ihr. Es war, als sei sie für ihn Luft. Selbst wenn sie sich bückte, guckte er nicht mehr.

Anfänglich war Nicole erleichtert. Endlich waren die ewigen "Belästigungen" vorbei. Endlich war er wohl vernünftig geworden.
Doch in Nicole kamen Zweifel auf.
War sie noch attraktiv?
War sie überhaupt noch sexy?
War sie denn noch Frau genug?
Sie nahm sich vor, das herauszufinden. Als er das nächste Mal wieder in der Bar saß, beugte sie sich dieses Mal bewusst viel tiefer vor als sonst. Dabei öffnete sich ihr Hemd und ließ mehr als nur ahnen, was es zu verbergen hatte.
Er guckte nicht.
Nahm keine Notiz von ihr.
Verwundert entschwand sie in die Küche, öffnete die oberen Knöpfe ihres Hemdes und ging wieder hinaus. Dort bückte sie sich abermals.
Keine Reaktion.
Er sah stur auf sein Bier und interessierte sich nicht für sie.
Getroffen in ihrer weiblichen Ehre, nahm sie sich vor, den Krieg aufzunehmen. So leicht sollte er nicht davonkommen. Das wäre doch gelacht ...
Am nächsten Tag, nach der Vorlesung, ging sie unter die Sonnenbank und ließ sich die Nägel machen. Sie zog alle Register.
Vor ihrem nächsten Dienst schminkte und puderte sie sich, legte einen verführerischen Kajal auf und zog ein besonders knappes, körperbetontes Kleid an. Sie verzichtete auf einen BH und trug ein bauchfreies Shirt. So kam ihr gebräunter und gepflegter Körper erst recht zur Geltung.
Als er am frühen Abend in der Bar eintraf und sein Getränk bestellte, bemerkte er sie abermals nicht. Sie bediente ihn und fragte lasziv: „Und auf das Bier? Viel Schaum?"

Fahrig nickte er, sah zum Fernseher und verfolgte das Fußballspiel.
„Jaja. Machen Sie mal!"
Ärgerlich über so viel Gleichgültigkeit, goss sie sein Hefeweizen ein.
Dann kam ihr eine Idee; sie stellte sich vor ihn und goss sich das Bier über das Shirt. Ihr Busen drückte sich deutlich durch den nassen Stoff.
„Hoppla", flötete sie, „jetzt bin ich ganz feucht ..."
„Nicht schlimm", gähnte er und ließ den Blick nicht von der Mattscheibe. „Machen Sie mir einfach ein neues."
„So ein Ignorant", grollte sie, „aber na warte!"
Als Nicole das nächste Mal an ihm vorbeilief, drückte sie sich ganz dicht an ihn und rieb ihren Busen gegen seinen Arm. Dabei hauchte sie ihm anstößig ins Ohr. Er reagierte nicht. Nahm einen Schluck von seinem Bier und keine Notiz von ihr.
Beleidigt verschwand sie in der Küche.
Das machte der doch bestimmt extra!
Für sie stand fest: Er wollte sie provozieren!
Dieser Mistkerl!
Dann kamen Zweifel in ihr hoch und sie siegten auch. War sie denn jetzt schon unattraktiv? Gehörte sie jetzt schon zum alten Eisen? Schließlich war sie ja bereits dreiundzwanzig ... So gesehen steinalt. Hatte er vielleicht ihr Muttermal an der Wange gesehen, aus dem frech zwei Haare sprossen? Vielleicht ihre Plattfüße?
Als er das Lokal wieder verließ, hatte er sie nicht einmal angesehen. Nicht ein einziges Mal!
Deprimiert ging sie nach Hause. Als sie später unruhig in ihrem Bett lag, keimte in ihr ein Gedanke. Nein! So durfte es nicht enden!

Noch war Holland nicht verloren!
Oder besser: Noch war ihre weibliche Ehre nicht verloren! Das war ein Krieg der Weiblichkeit, eine Schlacht der Gerechtigkeit!
Am nächsten Abend verfolgte sie einen verwegenen Plan. Sie wartete, bis er wieder da war, nahm seine gleichgültig gesprochene Bestellung auf und wartete, bis er bezahlte. Sah, wie er das Portemonnaie in die Batzentasche steckte, und als der Laden richtig voll war, schlich sie sich hinter ihn. Mit geschickten und abgebrühten Fingern klaute sie ihm die Geldbörse aus der Tasche. Ging in die Küche und suchte nach seinem Ausweis.
Da!
Dort stand seine Adresse. Sie merkte sie sich und ging zurück in den Barraum. Dort warf sie die Brieftasche hinter ihn auf den Boden. Aus den Augenwinkeln sah sie, wie er sie fand und aufhob.
Na also.
Alles im grünen Bereich!
Nach der Arbeit ging sie zu ihm. Sie stand vor seiner Haustür und war sich einen Moment lang unschlüssig. Dann knöpfte sie die Bluse auf, präsentierte all ihre Reize und klopfte an.
Eine Frau mittleren Alters öffnete.
Verdattert erblickte sie Nicole.
Hinter ihr erschien er.
„Schatz? Wer ist da?“
Er sah sie, schien ebenfalls verwundert.
„Äh ...“, stotterte Nicole, „ich ... ich ... wollte nur fragen, ob Sie die Heizung nicht so aufdrehen würden? Es ist ja unerträglich heiß im Haus!“
Wie zur Bestätigung fächelte sie sich frische Luft zu. Und entschied sich für einen schnellen Rückzug.

Am nächsten Tag erschien er nicht in der Bar. Auch die nächsten Tage ließ er sich nicht blicken. Nicole ahnte, warum. Kleinlaut und beschämt verrichtete sie ihren Dienst. Sie wusste nur zu gut, dass sie daran schuld war, und sie schwor sich, nie wieder solch ein Ego aufzufahren.

Sie bediente gerade einen Gast, da fielen ihr die Blicke eines mittelalten Mannes mit strähnigem, langem Haar und Schnurbart auf. Er glotzte sie an.

Unverschämtheit!, dachte sie. So ein Voyeur! Muss der denn so glotzen?

Nachts im Park

Es war in einer Samstagnacht, als ich, leicht angetrunken, von meiner Stammkneipe nach Hause lief. Den Wagen hatte ich stehen lassen, da ich einige Promille über dem erlaubten Soll war. Ich bog in den Stadtpark ein, die Strecke dort hindurch kürzte meinen Heimweg enorm ab, und ich war über jede Abkürzung erfreut.
Ich lief durch den halbdunklen Park, der nur von einigen verstreut liegenden Laternen beleuchtet wurde.
Meine Blase war voll und ich dachte, ich könnte mich ungesehen ihres Inhalts entledigen. Ich stellte mich an einen dunklen Busch und ließ es laufen.
Plötzlich rief eine Frauenstimme: „Hey! Hey! Lass das! Hast du kein Benehmen?“
Erschrocken hielt ich inne und erkannte im Halbdunkel eine Gestalt.
„Ent... Entschuldigung“, stammelte ich, „ich habe Sie nicht gesehen!“
Eine junge Frau in einem weit fallenden Tüllkleid kam aus dem Busch. Sie hielt einen Stab in der Hand, auf dem ein goldener Stern saß. Ihr Gesicht war von vielen Sommersprossen bedeckt, die ihr ein keckes Aussehen gaben. Ihr Haar war rot und lockig.
„Du kannst doch eine gute Fee nicht einfach so anpinkeln!“, schimpfte sie.
„Eine gute Fee?“, schmunzelte ich. „Dann ist ja heute mein Glückstag!“
Bissig sah sie mich an.

„Eine Fee kann auch sehr böse sein, wenn man sie verärgert", erklärte sie drohend. „Nimm dich in Acht vor dem Zorn einer Fee!"

Ich nahm sie nicht sonderlich ernst, lachte und entgegnete: „Und was kann ich machen, um den Zorn der Fee zu besänftigen?"

„Knie nieder und bitte um Entschuldigung!"

Das ging mir etwas zu weit und ich sagte: „Reicht auch eine ernst gemeinte Entschuldigung?"

Sie dachte kurz nach und nickte dann.

„Gut, das reicht mir für den Anfang auch!"

„Na dann", sprach ich und versuchte, möglichst ernst zu bleiben, „liebe Fee, es tut mir leid und ich werde es nie wieder tun!"

Zur Untermalung meines Versprechens hob ich die drei Finger meiner rechten Hand.

„Das ist auch gut so", erklärte sie, „denn eine böse Fee kann dich verwünschen und dich bis ans Ende deiner Tage unglücklich machen!"

„Ich wünsche noch einen schönen Abend", schmunzelte ich und wollte weitergehen, doch die Fee hielt mich am Ärmel zurück.

„Willst du denn gar keinen Wunsch erfüllt bekommen?", fragte sie mich ernsthaft.

Etwas verdattert sah ich sie an und wusste im ersten Moment nicht so recht, was ich antworten sollte. Offenbar hielt sie sich wirklich für eine gute Fee.

„Ich ... äh ... weiß nicht ... weiß nicht so recht ...", stotterte ich.

„Nur Mut", zwinkerte sie mir zu, „trau dich!"

„Eigentlich habe ich alles, was ich will", erklärte ich und wollte weitergehen, doch sie hielt mich abermals zurück.

„Geld?", lockte sie, „Autos? Frauen? Ihr Männer habt doch solche Wünsche!"

Ich lächelte sie milde an. „Und Sie können mir diese Wünsche erfüllen?“

Ungläubig schüttelte ich den Kopf. Beleidigt verzog sie ihr Gesicht. „Du siehst doch, dass ich eine gute Fee bin. Oder glaubst du, ich renne immer nachts in diesem Aufzug durch die Gegend?“

Ich wusste nicht so recht, was ich darauf antworten sollte und zuckte nur die Schultern.

„Versuche es!“, zwinkerte sie mir wieder zu.

„Nun gut“, erklärte ich, „wieso sollte ich Ihnen glauben?“

Sie schürzte nachdenklich die Lippen, dann erhellte sich ihr Gesicht wieder. „Siehst du die Straße da?“, fragte sie.

Ich nickte.

„Das nächste Auto, das da lang fährt, ist ein rotes!“

Wir warteten ein paar Minuten, dann fuhr wirklich ein Auto vorbei. Und – es war rot. Ich wiegelte ab: „Zufall!“

„Dann wünsch dir was!“, forderte sie mich heraus.

„Na gut“, erklärte ich. „Ich will eine Frau, schön und sexy. Jetzt gleich!“

Sie fuchtelte mit ihrem Stab durch die Luft und sprach sakral: „Eins, zwei, drei! Dein Wunsch sei dir erfüllt!“

Ich sah mich um.

Nichts.

Gerade, als ich einen spitzen Kommentar abgeben wollte, erschien eine junge Dame am Eingang des Parks. Sie hatte langes, blondes Haar und lief grazil auf ihren High Heels auf uns zu. Dabei sah sie mich verführerisch an. Mir fiel die Kinnlade herunter. Sie passierte uns und lief weiter, verschwand bald im Dunkel der Nacht.

„Siehst du?“, fragte mich die Fee.

„Aber sie ... sie ist weitergegangen“, meckerte ich.

„Du hast nichts von Stehenbleiben gesagt“, warf sie ein.

„Dann will ich, dass sie mich anspricht!“
Sie fuchtelte abermals mit ihrem Stab durch die Luft. Sprach: „Eins, zwei, drei, dein Wunsch sei dir erfüllt!“
Neugierig sah ich mich um.
Nichts.
Stattdessen kamen plötzlich zwei bullige Männer in weißen Kitteln. Sie hielten zielstrebig auf uns zu und als sie uns erreichten, sprach der eine: „Tanja, bist du wieder ausgebüchst? Du weißt doch, du musst gleich deine Medikamente nehmen.“
Sie nahmen die kecke Fee in die Mitte und wollten sie abführen.
„Moment“, sagte ich verdattert, „wer sind Sie?“
„Wir sind von der Psychiatrie St. Belenus, zwei Straßen weiter“, erklärte der andere Weißgewandete. „Tanja ist wieder mal ausgebrochen. Ich hoffe, sie war nett zu Ihnen?“
„Äh ... ja ... schon ...“
Mit diesen Worten führten sie die Fee fort. Sie verschwanden in Richtung Straße. Sprachlos wollte ich weitergehen, da sah ich wieder die blonde, junge Frau. Sie kam direkt auf mich zu.
„Guten Abend“, sagte sie halblaut. „Ich hoffe, es stört Sie nicht, dass ich Sie hier so anspreche.“
„Äh ... nein ...“, erklärte ich verdutzt.
„Ich sah Sie hier stehen und dachte mir, wie wäre es, wenn wir noch auf einen Drink irgendwohin gehen?“
Völlig bar jeden Verständnisses sah ich zur Straße, just dort, wo die Fee verschwunden war.

Weltuntergangsstimmung

Montag, 17.12.2012

Noch vier Tage, dann ist Weltuntergang. Der Maya-Kalender hört dann auf und alle Zeichen stehen auf Ende. Heute bin ich sehr spät aufgestanden, habe keine Lust zur Arbeit. Habe bei meinem Chef angerufen, dass ich heute nicht komme. Der Weltuntergang ist nahe. Ich habe nichts mehr zu verlieren. Ich habe mein Auto verschenkt an irgendeinen armen Schlucker. Soll er doch damit glücklich werden, zumindest für die nächsten paar Tage ...

Ich gehe zu meinem Nachbarn, Herrn Bullewitz, dem Tyrannen. Er hat mich all die Jahre schikaniert und gequält. Mal war die Musik zu laut, mal war mein Vorgarten nicht ordentlich genug. Normalerweise bin ich ja diplomatisch, doch jetzt ist es auch egal.

„Hey, du pedantischer, fetter, haarloser, nach billigem Fusel stinkender, abgehalfterter und völlig vertrottelter alter Sack!“, begrüße ich ihn und tätschle ihm die Glatze.

„So eine Frechheit!“, empört er sich. „Ich werde mich über Sie beschweren!“

„So?“, lache ich. „Dann sieh mal genau her!“

Ich ziehe die Hose hinunter, strecke ihm den Hintern entgegen. „Guck mal, dein Spiegelbild!“

Er rennt ins Haus, ruft laut: „Erna! Erna! Der Nachbar hat sie nicht mehr alle!“

Dienstag, 18.12.2012

Habe immer noch keine Lust zu arbeiten. Habe auf der Arbeit angerufen und mitgeteilt, ich hätte Malaria oder Denguefieber.

Irgendetwas, womit man andere anstecken könnte; vielleicht wäre es ja auch Ebola ...
Meine Frau geht mir schon seit Jahren auf die Nerven. Ich gehe zu ihr, zerschmeiße ihre Lieblingsvase und heuchle Bedauern, aber so, dass man merkt, dass es geheuchelt ist. Sonst macht es ja keinen Spaß!
Empört stemmt sie die Fäuste in die Seiten. „Was fällt dir ein?! Die Vase war ein Erbstück meiner Mutter!“
„Deine Mutter ist schon lange tot“, gähne ich, „und jetzt kann die Vase ihr folgen ...“
Ich mache ein Kreuzzeichen, segne die Scherben.
Zornentbrannt stürmt meine Frau davon. „Du bist verrückt!“
„Ja!“, rufe ich ihr nach. „Total meschugge. Sieh mal her!“
Ich tanze auf den Scherben einen perfekten Twist.
So gefällt mir das!

Mittwoch, 19.12.2012
Hab immer noch keine Lust zu arbeiten. Rufe an und erkläre, Außerirdische hätten meine Frau entführt und ich müsste sie suchen; irgendwo im Orionnebel oder in der inneren Milchstraße.
Habe all mein Geld vom Konto abgehoben, kaufe davon Lollis und Weingummi, Schokolade und Kekse. Verschenke alles auf der Straße und sage jedem, der etwas nimmt: „Bald ist Weltuntergang. Greifen Sie zu! Ohne Reue und Sorge um die Pfunde!“
Einer beleibten Frau rufe ich nach: „Hey, Sahneschnittchen! Hau rein! Übermorgen sind deine Pölsterchen jedem egal!“
Sie sieht mich entrüstet an, holt ihren Schirm hervor und prügelt auf mich ein.
Ich kann nur jammern: „Aber bald geht doch die Welt unter!“

„Gleich geht deine Unverschämtheit erst einmal unter!“, faucht sie sauer.
Zurück zu Hause muss meine Frau erst einmal leiden. Ich schneide die Hochzeitsvideos neu und Pornos dazwischen:
„Willst du, Frank, deiner Frau die ewige Liebe schwören?“
„Oh ja! Gib's mir, du geile Sau!“
„Und du, Nicole, willst du Frank die ewige Liebe schwören?“
„Oh ja! Du wilder Stier!“
Lasse die Videos laufen, als meine Frau nach Hause kommt.
„Jetzt reicht es!“, fletscht sie. „Ich verlasse dich!“
Sie packt ihre Koffer, ist weg.
Triumphierend mache ich es mir auf der Couch bequem. Jetzt könnte ich doch die nette Nachbarin von nebenan vernaschen. Ich muss mich nur sputen, schließlich ist in zwei Tagen Weltuntergang!

Donnerstag, 20.12.2012
Noch ein Tag! Ich habe noch immer keine Lust zu arbeiten. Dieses Mal gehe ich persönlich zu meinem Chef. Ohne anzuklopfen, trete ich ein. Er telefoniert gerade, sieht mich verwundert an, dann bekommt sein Gesicht eine ungesunde Rotfärbung. Wütend knallt er den Hörer auf die Gabel.
„Was fällt Ihnen ein, Meier?!“
„Was mir einfällt?“, denke ich laut nach. „Nun, zuerst einmal, dass du ein alter Geizsack bist! Dann, dass du Mundgeruch zum Umfallen hast und schlussendlich noch, dass deine Frau so hässlich ist, dass sogar die Katzen zu jammern anfangen, wenn sie vorbeiläuft!“

„M... M... Meier“, schnappt er. Sein Gesicht ist mittlerweile so rot, dass man glauben könnte, er sei Kommunist. „Sie ... Sie sind entlassen!“
„Danke“, grinse ich und tippe mir zum Abschied an die Stirn, „das wollte ich hören!“

Freitag, 21.12.2012
Liege im Bett und warte. Warte darauf, dass die Erde mit einem Knall zu Ende geht. Vielleicht platzt sie, vielleicht fällt ein Asteroid hinab? Ich weiß es nicht. Auf jeden Fall muss es heute geschehen! Ich habe mir zum festlichen Anlass eine Flasche Champagner vom letzten Geld gekauft. Ich trinke auf die gute alte Erde, auf mein altes Leben und auf die neuen Dinge, die da kommen werden.
Gegen 16:00 Uhr ist die Flasche leer, aber die Welt steht noch. Ich gehe in den Keller, hole mir einen Kasten Bier hoch, trinke ihn. Völlig blau konstatiere ich, dass die Erde immer noch intakt ist. Kein Erzengel, der in die Posaune bläst oder ein Siegel bricht, keine Außerirdischen, die die Weltherrschaft an sich reißen wollen.
Nichts!
Verwundert schalte ich den Fernseher an.
Alles normal.
Nanu?
Das ist doch Beschiss! Der Maya-Kalender endet doch am 21.12.2012. Und das ist nach dem Kalender heute! Die Nachrichten fangen an, der Sprecher erzählt, dass der Maya-Kalender so auszulegen ist, dass er nach dem 21.12.2012 neu anfängt.
Was?!

Montag, 24.12.2012

War auf dem Arbeitsamt. Habe mich arbeitslos gemeldet. Geld weg, Frau weg, Auto weg.

Scheiß Maya-Kalender! Scheiß Leben!

Der Teufel mit den Kulleraugen

Meine Tochter wusste immer, wie sie mich zu packen hatte. Das begann schon im frühesten Kindesalter. Als sie vier Jahre alt war und Bonbons wollte, obwohl sie sich schon die Zähne geputzt hatte, sagte ich rigoros „Nein", und dann sah sie mich mit ihren rehbraunen Kulleraugen an und flehte: „Bitte, Papa!"

Ich entgegnete: „Wenn der Papa nein sagt, dann meint er auch nein!"

„Biiittee, Papa!"

„Aber ... aber ... ich ... ich ... Na gut."

Ich wurde grundsätzlich weich und steckte ihr heimlich ein paar Süßigkeiten zu, allerdings mit der Forderung: „Lass das bloß die Mama nicht wissen!"

Meistens hielt sie sich daran.

Meine Frau schüttelte schon damals den Kopf über mich.

„So wird sie niemals Grenzen lernen."

Ich zuckte seufzend mit den Schultern.

„Ich kann halt nicht anders ... Sie verhext mich irgendwie ..."

Auch als meine Kleine später in die Schule ging, hatte sie mich völlig und total im Griff. Wenn sie etwas wollte, was ich nicht wollte, wusste ich bald schon, dass ich keine Chance gegen sie hatte. Ein trauriger Blick, große, braune Kulleraugen und schon schmolz ich dahin. Da half auch kein strenges Getue meinerseits. Meine Verteidigungsstellungen wurden gnadenlos von ihr überrannt. An manchen Tagen fühlte ich mich wie der Irak 1991.

„Du wirst dich doch wohl gegen ein kleines Mädchen durchsetzen können!", schimpfte meine Frau.

„Äh ... nö!"

Ich wusste um meine verlorene Stellung und versuchte es erst gar nicht mehr. Warum auch? Mein kleines Baby war mir einfach über.
Ich erinnere mich daran, wie ich einmal standhaft blieb. Die Kleine wollte irgendetwas von mir und ich sagte rigoros nein. Ich wich ihrem Kulleraugenblick aus und konzentrierte mich auf den Fernseher. Plötzlich ein leises Schluchzen. Als ich zu ihr schielte, sah ich, wie sie leise weinte.
„Du hast mich gar nicht mehr lieb, Papa!“
„Doch ... doch ... ich ... äh ... ich ... doch! Schon!“
Ich hatte hingesehen und das war wie mit Medusa. Einmal hingeguckt und schon hatte man verloren. Drei Mal dürfen sie raten, wer seinen Willen bekam ...
Meine Frau ärgerte sich monströs über meine Schwäche.
„So wird sie niemals ein Nein akzeptieren! Wann setzt du dich endlich einmal durch?“
„Morgen!“, versprach ich, doch wusste sehr wohl, dass dieses Morgen utopisch war, denn mein kleiner Engel war einfach zu süß!
Verdammte Hacke! Hatte ich denn gar nichts mehr zu sagen?
Ich nahm mir ehrlich vor, etwas resoluter zu sein und plante meine neue Strenge akribisch. Zuerst wollte ich ihr ein deftiges „Nein!“ vorsetzen, dann ihrem Blick ausweichen und schließlich mich einfach umdrehen und gehen. Doch die Kleine war gerissen.
Als sie mich das nächste Mal fragte, ob sie ein neues Fahrrad bekäme, sagte ich strikt: „Nein!“ Ich wollte mich umdrehen, doch sie hielt mich am Ärmel fest. Verdammt! Damit hatte ich nicht gerechnet! Mein ganzer Plan geriet aus den Fugen. Ich wusste: Wenn ich jetzt nicht schnell handelte, war ich verloren.

Bevor sie noch die Kulleraugen machen konnte, riss ich mich los und wandte mich ab. Doch sie ließ nicht locker. Verfolgte mich.
Mist! So war das nicht geplant!
Was jetzt?
Halb panisch sah ich mich nach einer Fluchtmöglichkeit um, doch nirgends schien sichere Zuflucht. Ich floh in die Küche, wollte die Tür hinter mir zuknallen, doch schon stand sie vor mir. Und dann sah ich wieder diese Augen.
Diese traurigen Augen.
„Papa! Biiitteee!“
„Frag ... frag deine Mutter“, entfuhr es mir und ich drehte mich weg von ihr, fort aus ihrem dämonischen und verhexten Blickwinkel.
„Papa! Biiitteee!“
Ich spürte förmlich, wie meine Gegenwehr zerbröselte wie ein alter Keks. Spürte, wie meine Vorsätze in sich zusammenbrachen wie die Mauern von Jericho. Spürte, wie ich sicher war, dass ich unsicher wurde. Ich seufzte. Ließ die Schultern hängen und hörte mich fragen: „Wie teuer ist es?“
Ich hatte es zumindest versucht. Aber göttliche Fügung und Kulleraugen standen meinem Plan entgegen. Da konnte man halt nichts machen. Das war einfach nur Schicksal.
Als sie vierzehn war, lernte sie diesen Schnösel von Michael kennen. Michael war ein verzogener Fünfzehnjähriger, mit gegeltem Haar und neumodischer Kleidung, der wohl nur eines im Sinn hatte. Das sah ich ihm sofort an, als er das erste Mal unser Haus betrat. Ich kannte diese Art Jungs.
Halbstarke.
Aufreißer.
Anarchisten.

Terroristen!
Der war nichts für meine Süße. Das sah ich sofort, der war wie Mist vor einer Zuchtkatze. So gesehen ein riesiger Haufen Abfall.
Er stellte sich mir vor und wollte mir die Hand geben, spielte den Lammfrommen. Doch ich hatte diesen Lüstling schon durchschaut. Der hatte doch eine Karriere als Sittenstrolch vor sich! Ich kannte diese Typen.
Sie fragte mich: „Darf ich mit Michael ausgehen?"
„Nein!", war meine resolute Antwort.
Meine kleine Prinzessin wollte sich an so einen Schnösel verschwenden? Niemals! Da halfen auch nicht ihr Kulleraugenblick und ihr Flehen. Ich blieb hart.
„Papa! Biiitteee!"
„Nein! Du bleibst zu Hause!" Streng sah ich sie an. „Und ziehe dir gefälligst einen Pulli an! Am besten einen mit Rollkragen!"
„Papa! Wir haben Hochsommer!"
„Egal!"
„Du bist so gemein!"
Beleidigt zog sie sich zurück.
Meine Frau sah mich an, schüttelte den Kopf und sagte: „Junge, Junge! Jetzt sei doch nicht so streng!"

Berthold

Oh, wie ich diesen Berthold hasste. Er, im Zenit seiner Jugend, war von Frauen umschwärmt und von allen Menschen geliebt. Stets fand er die richtigen Worte, um jene, die er zu umgarnen und umschmeicheln suchte, auch für sich zu gewinnen.
Er hatte Erfolg im Beruf, war leitender Bankangestellter und seine Beförderung war in Sicht. Dabei hatte er noch nicht einmal halb so viel malocht wie ich. Während ich mir noch als kleiner Angestellter mit schmalem Gehalt einen Zusatzjob suchen musste, bezog er schon ein riesiges Einfamilienhaus mit allem Schnick und Schnack.
Auch die junge Blondine an seiner Seite, die jedes seiner Worte ehrfurchtvoll verfolgte und alles bejahte, was dieser Schnösel sprach, war gegen meine Frau eine Göttin. Während meine Frau im Taillenbereich zulegte, vergrößerte seine ihre Brust. Und Berthold prahlte damit herum.
Vor allem bei mir.
Ich glaube, erfolgreiche Menschen suchen sich immer weniger erfolgreiche, um sich an ihnen zu messen und sich ihren Erfolg vor Augen zu führen. Sie brauchen das Gefühl, besser zu sein und es den minder Erfolgreichen aufs Brot zu schmieren.
Zumindest tat Berthold das.
Jeden Tag.
Jeden Abend.
Bei mir.
Es gab keinen Tag, an dem er nach Dienstschluss nicht zu mir nach Hause kam und von neuen Erfolgen berichtete. Und grund-

sätzlich, nachdem er mit seinen Litaneien fertig war, fragte er mich beiläufig: „Und was gibt es bei dir neues?“
Gestern war er bei mir gewesen und er erzählte überschwänglich von seinem neuen 3er BMW, den er für wenig Geld erstanden hatte. Gleich, nachdem er mir das berichtet hatte, fragte er unschuldig, aber mit gewissem Beiklang: „Und wie geht es deinem kleinen Opel? Hat der nicht auch schon zwölf Jahre auf dem Buckel? Läuft er noch?“
Ich kochte vor Wut.
Meine Frau sagte immer: „Reg dich nicht über ihn auf, er ist es nicht wert.“
Doch.
Ich rege mich über ihn auf.
Und wie ...
„Deine Frau ist ja auch ein bisschen pummelig geworden“ oder „ist deine Hose vom Aldi oder vom Lidl?“, sind noch die harmlosesten seiner Unverschämtheiten.
Doch jetzt mache ich diesem Spuk ein Ende. Jetzt reicht es mir endgültig!
War heute im Bahnhofsviertel, in der Ecke, wo man für Geld alles kriegt. Nach nicht allzu langer Suche bin ich endlich fündig geworden. In einem kleinen asiatischen Laden verkaufte man mir für ein gewisses Entgelt ein kleines Ampüllchen. In diesem Ampüllchen, ein schnell wirkendes Gift, das man polizeilich und gerichtsmedizinisch nicht nachweisen kann.
Der Verkäufer grinste mich breit an.
„Kommt aus Russland, ist ganz neu.“
Auf meiner Fahrt nach Hause feixte ich die ganze Zeit satanisch. Nun sollte bald Ruhe sein, nicht mehr lange und ich würde diesen widerlichen Aufschneider los sein. Beobachtete ich doch, wie

meine eigene Frau ihn anhimmelte. Wenn er nicht da war, sprach sie von ihm, als sei er der Herrgott in Person.
Es gibt Dinge, die lasse ich mit mir einfach nicht machen.
Ich meldete mich auf der Arbeit krank. Meine Frau war noch beschäftigt. Also war ich völlig ungestört ...
Ich kochte ein leckeres Gericht. Kürbissuppe mit Hähnchenfleisch. Zwei Töpfe. In den einen träufelte ich das Gift. Der andere sollte für mich und meine Frau sein. Als ich mein Werk verrichtet hatte, brauchte ich nur noch zu warten.
Gegen 15:00 Uhr kam meine Frau nach Hause.
„Du brauchst nicht zu kochen“, erklärte ich ihr im Urton völliger Unschuld. „Das habe ich schon gemacht.“
„Ach, das ist ja lieb von dir.“
„Sollen wir Berthold heute einladen?“, fragte ich unschuldig.
„Das ist ja eine gute Idee“, freute sie sich. „Der ist doch so lieb, der wird sich bestimmt freuen.“
Und wie der sich freuen wird ...
Es wurde 17:00 Uhr und das war normalerweise die Zeit, in der Berthold zu Besuch zu kommen pflegte. Es verging eine weitere Stunde, doch von Berthold war weit und breit nichts zu sehen. Als es 18:00 Uhr wurde, beschloss ich, auf seiner Arbeit anzurufen.
„Nein“, erklärte mir eine nette Angestellte, „der hat sich heute Morgen krankgemeldet. Der will morgen wieder zur Arbeit kommen.“
So ein Mist.
Ich füllte alles in eine rote Tupperschale und verstaute es im Kühlschrank.
Den harmlosen Teil verspeisten meine Frau und ich zum Abendessen.

Am nächsten Tag fuhr ich voller dunkler Vorfreude zur Arbeit. Bald schon sollte dieser Spuk ein Ende haben.
Doch an diesem Tag ging wirklich alles schief. Erst verbuchte ich mich im Computerprogramm und musste Überstunden machen, sodass ich erst gegen 18:00 Uhr zu Hause war.
„War er schon da?“, fragte ich gehetzt.
„Wer?“
„Na, Berthold!“
„Nein, noch nicht.“
Ein weiterer Anruf verriet mir, dass er noch immer krank war.
„Komm“, sagte meine Frau, die mir meine Enttäuschung anmerkte, sie aber falsch interpretierte. „Vielleicht kommt er ja morgen. Jetzt lass uns erst mal essen.“
Ich setzte mich an den Küchentisch. War voller düsterer Gedanken. In meiner Vorstellung sah ich diesen Schmock im Sarg liegen. Löffelte an der Suppe. Schmeckte wie Gemüse mit ... mit Hühnchen.
Gemüse?
Kürbis?
Kürbissuppe?
Entsetzt sah ich auf den Teller.
„Was ist?“, fragte meine Frau.
„Was ist das für eine Suppe?“, entfuhr es mir dramatisch.
„Ach“, erklärte sie ruhig, „hab ich im Kühlschrank gefunden. In der roten Tupperdose.“
Das war alles, was ich noch hörte ...

Der Teppich

Ich weiß eigentlich gar nicht mehr, warum ich diesen Teppich kaufte, damals, auf dem Trödelmarkt, bei diesem Araber. Der stand mit seinen Knüpfwaren inmitten des Getümmels und bot seine Waren an.

Der besagte Berber war noch nicht einmal sonderlich schön. Ganz zu schweigen von seinem Muster – ein merkwürdiges Rot mit irgendwelchen eingelassenen Zeichen.

Der Verkäufer verlangte nicht viel für dieses Exemplar. Er sagte nur mit einem Augenzwinkern: „Du müssen draufsteigen und streicheln. Dann er bringt dir viel Vergnügen."

Ich rollte den Teppich zusammen und trug ihn nach Hause. Meine Frau war im ersten Moment entsetzt.

„Was willst du denn mit so einem alten Stück?"

„Ich finde ihn prima", sagte ich nur und breitete ihn vor uns aus. Er maß einen Meter fünfzig in der Länge und einen Meter in der Breite. Hatte Fransen an jeder Seite.

Meine Frau schüttelte nur mit dem Kopf, ging in die Küche, machte das Abendessen fertig.

Ich setzte mich auf den Teppich. War irgendwie gemütlich. Bestand aus einem sehr weichen Material. Nur, aus was für einem? Mit der Hand strich ich über das Gewebe.

In diesem Moment – man soll es kaum für möglich halten – hob er vom Boden ab, flog hoch. Ich schwebte unter der Decke unseres Wohnzimmers. Völlig verdattert. Wusste nicht, wie mir geschah. Schlug mir den Kopf an der Decke.

„Schatz", rief ich, „ich schwebe."

„Jaja“, kam es aus der Küche, „dann schwebe mal ins Esszimmer und decke den Tisch, gibt gleich Essen.“
Ich glitt mit der Hand wieder über das Muster. Langsam senkte sich der Teppich zu Boden, landete.
Mehr als nur überrascht lief ich einige Male um das merkwürdige Objekt herum, betrachtete es interessiert. Ich hatte einen fliegenden Teppich gekauft.
Das musste noch am selben Abend weiter ausprobiert werden.
Ich schlang das Abendessen hastig in mich hinein, schnappte ihn, verschwand mit ihm im Garten, drehte ein paar Runden. Bekam heraus, dass man mit Verlagerung seines Gewichts den Perser sogar lenken konnte. Verlagerung nach vorne bedeutete Vorwärtsbewegung, nach links oder rechts eine Kurve. Selbst die Höhe war variabel. Je länger ich über das Muster strich, umso höher stieg er auf.
Das war vielleicht ein Spaß.
Ich beschloss, mit meinem neuen Gefährt eine Runde um den Block zu machen. Schwebte hoch über den Köpfen der Leute. Ließ mir den Wind um die Nase wehen, guckte in jedes Fenster der Nachbarschaft. Da gab es echt Spannendes zu sehen.
Nachbar Schulte zum Beispiel stand in Unterhosen vor dem Spiegel, bewunderte seine Muskeln, spannte sie immer wieder an und grunzte dabei. Übersah dabei konsequent seinen Bierbauch.
Ich beobachtete, wie sich die Müllers stritten. Das war auch sehr spannend. Ging mal wieder um seine Sekretärin, auf die seine Frau eifersüchtig war.
Nachbar Meier-Fröhlich tanzte gerne in Damenkleidern durch die Wohnung.

Am liebsten war mir aber Nachbarin Schöneke, die zwanzigjährige Sportstudentin. Wusste gar nicht, dass sie abends nackt Aerobic machte. Ist ja auch was Feines, seinen Körper zu trainieren.
Meine abendlichen Runden wurden immer ausgedehnter.
Die bei Burger King haben vielleicht geguckt, als ich eines Abends in den Drive-in flog, um mir ein Menü zu bestellen. Die trauten kaum ihren Augen.
Einmal bin ich sogar geblitzt worden. Von einer Radaranlage. Das Foto hätte ich gerne gesehen. Und noch viel lieber: die Beamten, die das Bild ausgewertet haben. Da kam einer mit einem Berber daher und hatte achtzig Sachen drauf. In einer geschlossenen Ortschaft ...
Am liebsten düste ich zum Altersheim.
Die Leute haben vielleicht geguckt.
„Da schwebt einer mit einem fliegenden Teppich."
„Jaja", war die Antwort des Pflegepersonals, „Sie sollten nicht immer vergessen, Ihre Medikamente einzunehmen."
Irgendwann bekam meine Frau mit, was ich trieb.
„Das kannst du doch nicht machen", tadelte sie mich. „Nachts durch die Gegend schweben und Leuten ins Fenster schauen."
„Das würden die doch auch machen, wenn sie einen eigenen Berber hätten", gab ich zur Antwort.
Ich lud sie sogar einmal zum Rundflug ein. Zeigte ihr die guten Plätze. Eng umschlungen zogen wir unsere Bahnen. Von da an hatte sie auch eine andere Meinung über meinen Teppich.
„Wir können ja das Auto abmelden", schlug sie begeistert vor. „So ein Teppich ist doch viel günstiger."
„Aber wir werden bei unseren Einkäufen nicht viel darauf verstaut bekommen", hielt ich ihr entgegen. „Außerdem weiß ich nicht, ob dieser Teppich kinderfreundlich ist."

Eines Tages bekam ich Post. Von der Staatsanwaltschaft. Weiß der Teufel, wie die mich ausfindig gemacht haben. Wegen meiner Geschwindigkeitsüberschreitung in der geschlossenen Ortschaft. Außerdem, so wurde mir vorgeworfen, würde ich ein Fahrzeug lenken, für das ich erstens keine Betriebserlaubnis und zweitens keinen Flugschein hatte.

So war es ab diesem Tag aus.

Bekam eine saftige Geldstrafe. Der Teppich wurde eingezogen.

Na ja, wenigstens hatte ich meinen Spaß gehabt.

Auf dem Sterbebett

„Ich werde sterben, meine liebe Frau. Doch du sollst wissen, dass ich dich immer lieben werde. Ich werde diese Liebe mitnehmen, wohin ich auch immer gehen werde; Himmel oder Hölle.
Sage den Kindern, dass ich stolz auf sie war, jede Sekunde seit ihrer Geburt. Sie haben mein Leben mit Freude und der Gewissheit erfüllt, dass sie es eines Tages schaffen werden. Ich denke immer mit großer Hochachtung an sie zurück.
Mein Leben war zu kurz. Ich wäre gerne mit dir alt geworden, hätte gerne mit dir die Tage des Ruhestandes genossen. Wir hätten reisen können, verrückte Dinge machen oder einfach nur Sachen, von denen wir immer schon geträumt hatten.
Ja, ich sterbe zu früh.
Denke daran, dass ich eine Lebensversicherung habe, die auf dich abgeschlossen wurde. Damit solltest du erst einmal abgesichert sein.
Wie niederträchtig doch so eine Krankheit ist. Sie rafft einen qualvoll dahin und man hat keine Chance. Es tut so weh zu wissen, dass du bald ohne Mann sein wirst. Doch ich will, dass du einen neuen Gefährten findest und wieder glücklich wirst.
Ja, ich werde sterben, meine liebe Frau.
Und wenn ich gegangen bin, trauert nicht zu lange um mich. Lebt euer Leben und genießt es, macht einfach weiter, dort, wo ihr aufgehört habt.
Mein Mund ist trocken, ich fiebere und schwitze. Bald schon werden mich die gnädigen Schwingen des ewigen Schlafes davontragen in ein fernes Land. Fern von dir, meine Geliebte, fern von

euch allen. Ich hoffe, ich war euch ein guter Mensch und ihr erinnert euch gerne und mit Freude an mich.
Gib mir deine Hände. Ich will sie noch einmal halten und dich spüren, will noch einmal deine Nähe fühlen und deinen Geruch in mich aufnehmen.
Seit wir uns kennengelernt hatten, habe ich dich geliebt. Ich hoffe, ich war dir ein guter Mann und Gefährte. Ich hoffe, ich habe dich selten oder nie enttäuscht. Ich hoffe, du warst glücklich mit mir, wie ich auch glücklich mit dir war.
Ich spüre die Hand des Todes, wie sie nach mir greift. Die klammen Finger Gevatter Heins, der nach meiner Seele ruft. Mein Leben ist alsbald zu Ende, und ich hoffe, ich lasse eine nicht allzu tiefe Lücke zurück.
Diese vermaledeite Krankheit. Entreißt mich aus eurem Kreis, entreißt mich aus den Zirkeln meiner Lieben und meiner Freunde. Dabei bin ich doch noch so jung. Zum Mond können sie fliegen, aber an so einer Krankheit scheitern sie. Und scheitere ich.
Ich sehe bereits das Licht am Ende des Tunnels.
Lebe wohl, meine Geliebte. Lebe wohl, meine alles geachtete Frau."
Du verdrehst die Augen und sagst: „Mann! Jetzt stelle dich doch nicht so an. Ist doch nur ein Schnupfen!"

Katerstimmung

Als ich erwachte, brummte mein Kopf und ich hatte das Gefühl, in eine Atombombenexplosion hineingeraten zu sein. Oder besser noch: Sie war direkt in meinem Hirn explodiert. Mein Hypothalamus spielte Blitzkrieg mit meinen Rezeptoren und der Rest meines Schädels hatte die Rolle des armen Polens.

Mühsam öffnete ich die Augen.

Nanu?

Wo war ich?

Das war ganz bestimmt nicht mein Zuhause. Ich drehte mich etwas und sah neben mir einen nackten Rücken. Da lag eine Frau!

Was war letzte Nacht nur geschehen?

Ein Blick unter die Decke verriet mir, dass ich splitternackt war. Als sich nach meiner Hose suchte und mich zur anderen Seite drehte, sah ich eine zweite Nackte im Bett.

Potzblitz!

Ich Draufgänger ...

Allerdings konnte ich mich absolut an nichts mehr erinnern. Meine Erinnerung an gestern Abend brach ab, als ich den zehnten Southern Comfort getrunken hatte. Und da hatte ich mich noch mit Klaus unterhalten.

Von Klaus war nirgends eine Spur. Nur noch zwei Nackte ...

Warum brummte mir nur so der Hintern?

Ich drehte mich wieder zurück.

Nanu? Worauf lag ich da bloß? Ich griff unter mich und erfasste zwei Dinge: einen Dildo und einen Pümpel. Mein Gott! Welche

gottlosen Dinge hatte ich gestern nur getrieben? Wessen Rohr war da bloß verstopft gewesen?
Vorsichtig erhob ich mich und schlich aus dem Bett. Wo waren nur meine Hose und mein Hemd? So konnte ich doch nicht auf die Straße. Ich fand die Kleidungsstücke in der Küche, meine Schuhe im Kühlschrank. Als ich endlich meine teure Lederjacke fand, sah ich auf ihr einen neuen Aufnäher: „Ich bremse auch für Frauen!“
Junge, Junge!
Nie wieder Alkohol!
Warum brummte nur mein Hintern so?
Als ich die Wohnung verlassen wollte, stand plötzlich sie da. Sie war gerade einmal einen Meter fünfzig groß, blond und sehr hübsch. Sie trug nur einen Morgenmantel, der mehr zeigte, als verdeckte. Sie stemmte die Fäuste in die Seiten, sah mich keck an.
„Hallo, Angelo!“
Angelo? Meinte die mich?
„Äh ... ja ... hallo!“
„Wo ist dein Akzent?“, fragte sie mich misstrauisch.
„Mein ... mein Akzent?“
Was zum Henker meinte sie nur?
Sie nickte.
„Ja, dein italienischer Akzent, mit dem du gestern gesprochen hast, Angelo.“
Ich konnte nur mit den Schultern zucken.
Sie lächelte mokant. Lehnte sich lasziv gegen den Türrahmen.
„Machst du mir noch einmal den Trick mit dem Pümpel?“
Trick mit dem Pümpel?
Hilfe!
Ich war ein wilder Hengst!
„Äh ... ja ... ja ... später ... Jetzt muss ich ... äh ... los ...Tschüss!“

Mit diesen Worten wollte ich mich an ihr vorbeidrücken, doch sie stellte sich mir in den Weg.
„Halt, Angelo!“
„Was denn noch?“, seufzte ich.
Sie betrachtete mich forsch.
„Liebe mich! Hier gleich auf dem Boden!“
Sie packte mich an den Hemdaufschlägen, küsste mich wild und zog mich auf den Teppich.
Ich weiß nicht, warum, aber in diesem Moment musste ich an meine Mutter denken. Sie hatte immer gesagt: „Sohn! Nimm dich vor solchen Frauen in Acht! Die führen nix Gutes im Schilde!“
Während mir also diese absolut fremde und betörende Frau, die mich wollte und begehrte, die Hose herunterriss, sagte ich wie beiläufig zu ihr: „Schätzken, mach schnell. Ich muss nach Hause!“
Sie sah mich an, als hätte ich Herpes im Schritt. Dann schrie sie: „Du Arsch! Verschwinde bloß!“
Sie packte eine Vase vom Beistelltischchen und warf sie nach mir. Im letzten Moment konnte ich mich bücken. Mit halb offener Hose stürmte ich in den Hausflur und die Treppen hinab.
Und mein Hintern brummte noch immer ...
Als ich später im Taxi saß und nach Hause fuhr, schüttelte ich über mich den Kopf. Ich sollte das Saufen sein lassen. Ich sollte die Weiber sein lassen! Ich sollte am besten alles sein lassen!
Angelo ... meine Güte!
In meiner Wohnung angekommen, duschte ich erst einmal. So sehr ich mich auch anstrengte, ich konnte mich nach den Southern Comforts an nichts mehr erinnern. Da war nur absolute Dunkelheit in meinem Hirn.
Totaler Filmriss.

Vielleicht sollte ich mich hypnotisieren lassen? Dann käme die ganze Wahrheit ans Tageslicht. Oder ... vielleicht doch besser nicht. Wer weiß, welche ruchlosen Dinge da herauskämen?
Ich trocknete mich ab und setzte mich vor den Fernseher. Dort döste ich den halben Vormittag herum und dachte an nichts Böses mehr. Ließ den lieben Gott einen guten Mann sein.
Warum tat mir bloß der Hintern so weh?
Nanu? Warum blinkte eigentlich mein Anrufbeantworter?
Als ich ihn abhörte, traf mich fast der Schlag. Da war eine Frauenstimme zu hören: „Hallo, Frank, danke für deine Geduld mit mir. Ich habe mich noch nie so gut unterhalten mit dir wie letzte Nacht."
Das war Jutta, meine Ex-Freundin. Normalerweise hasste sie mich doch, war doch unsere Beziehung vor knapp zwei Monaten unschön auseinandergegangen.
Auch an diese Unterhaltung fehlte mir jegliche Erinnerung.
Mist!
Hoffentlich hatte ich dieser Xanthippe keine falschen Hoffnungen gemacht. Es war ganz gut so, dass die Beziehung zu Ende war. Viel länger hätte ich es mit diesem verhinderten Flintenweib auch nicht ausgehalten.
Ich wurde aus meinen Gedanken gerissen, als es an der Tür klingelte. Eigentlich erwartete ich niemanden, umso überraschter war ich. Ich öffnete und hörte Schritte im Hausflur, dann kam ein wahrlich merkwürdiger Geselle die Treppen hinauf. Er war in bunte, weit fallende Kleidung gewandet, hatte Plateauschuhe an und einen großen Hut mit bunter Feder auf.
„Hallo, Frank", näselte er weibisch, „ich wollte mich nur für gestern Nacht bedanken. Du bist ja vielleicht ein wilder Stier ..."
Jetzt wusste ich, warum mein Hintern so brummte ...

Das Weihnachtswunder

Carmen war so unglaublich hässlich, dass sogar die Vögel aufhörten zu singen, wenn sie vorbei ging. Ja, selbst die Hunde heulten und jaulten, wenn sie sie passierte. Dabei konnte sie echt nichts dafür. Ihr Bauch war rund und ihr Gesicht voller Pickel, sie schielte leicht und hatte schiefe Zähne.

Zudem war sie auch nicht die hellste Birne am Baum.

Das Fatale war, dass sie das wusste und dennoch nichts dagegen unternahm. Sie trug alte, abgewetzte Kleidung und duschte nicht. Da sie starke Raucherin war, waren auch ihre Finger vom Nikotin ganz gelb. Außerdem popelte sie gerne in der Öffentlichkeit und spuckte ungeniert zu Boden.

Carmen sehnte sich jedoch nach einem Prinzen und Charmeur, nach einem Traummann und Gefährten. Doch die meisten Männer liefen vor ihr davon oder sie machten fiese Witze. Sie war es zwar schon gewohnt und pflegte solche Lümmel zu verprügeln. Man muss dazu sagen, dass sie Oberarme wie Arnold Schwarzenegger hatte und mindestens genauso behaart war. So manchem Rüpel hatte sie schon die Birne weichgeklopft.

Doch tief in ihrem empfindsamen Innern war sie verletzt.

Und einsam.

Selbst die Katze, die sie sich im Tierheim besorgt hatte, hatte bei ihrem Anblick kreischend Stehhaare bekommen und war geflohen. Sie war schnurstracks durch die geschlossene Fensterscheibe gesprungen, acht Meter tief gefallen und hatte sich die Hinterläufe verstaucht. Doch offensichtlich war dieses blöde Vieh dennoch glücklich gewesen, entkommen zu sein.

Carmen hatte die Fäuste geballt und hinter ihr hergerufen: „Du verdammtes Stück! Durchfall sollst du bekommen! Flöhe und Zecken! Sooo große!“ Sie zeigte mit den Händen einen Meter breite.

Es war wie verhext.

Selbst die Fische, die sie sich gekauft hatte, waren aus dem Glas gesprungen, als sie hineinsah. Sie hatten sich kollektiv das Leben genommen.

Blöde Viecher!

Deprimiert saß Carmen zu Hause vor dem Fernseher und war der Verzweiflung nahe. Musste sie erst jemanden k.o. schlagen, damit er sie lieb hatte? Musste sie erst Hypnose anwenden? Drogen verteilen? Sie war zu allem bereit!

Heute, ausgerechnet auf Weihnachten, war sie ganz alleine. Kein Freund, kein Geliebter, kein Schwanz war da. Sie hatte sich selbst eine Schachtel Zigaretten geschenkt. Sonst tat das ja niemand.

Plötzlich klopfte es an die Tür. Verwundert sah sie auf und dachte erst, sie hätte sie getäuscht, doch das Klopfen wiederholte sich. Mit einem Gemisch aus Neugierde und Furcht ging sie zur Tür und öffnete.

Was sie sah, ließ sie aus allen Wolken gefallen.

Vor ihr stand der Weihnachtsmann. Er sah so aus, wie man ihn sich vorstellte: Roter Mantel und Mütze, weißer Rauschebart und ein großer Sack, den er sich über den Rücken geworfen hatte.

„Ho-ho-ho!“, machte er.

Carmen war nicht für schlechte Witze aufgelegt. „Wat willste?“

„Hallo, Carmen! Heute ist dein Glückstag! Ich habe ein Geschenk für dich!“

„Ich glaube nicht an den Weihnachtsmann!“, brummte sie bockig.

Doch Santa Klaus ließ sich nicht entmutigen, er lächelte breit und sagte: „Ich kenne deinen geheimsten Wunsch, Carmen!“
Sie seufzte genervt: „Nen´ Baseballschläger für unangenehmen Besuch?“
Der Weihnachtsmann schüttelte den Kopf. „Denk genau nach.“
„Pfefferspray?“
Santa verdrehte angestrengt die Augen. „Carmen! Jetzt bitte ich dich aber …!“
Beleidigt verschränkte sie die Arme vor der Brust. „Du kanns mich ma, du … du Weihnachtsmann, du!“
Er gab nicht auf. „Also?“
Verdutzt sah sie ihn an. „Also wat?“
Der Weihnachtsmann entgegnete geduldig: „Was ist dein geheimster und größer Wunsch?“
„Dat geht dich gar nix an!“
„Du willst schön und begehrenswert sein, Carmen“, erklärte er ruhig, „so ist es doch, oder?“
Carmen bekam einen roten Kopf und nickte.
Der Weihnachtsmann nahm den Sack vom Rücken und öffnete ihn, wühlte darin herum und zog ein großes Geschenk heraus. Das übergab er ihr mit den Worten: „Das ist für dich. Nutze es und dein tiefster Wunsch wird dir erfüllt.“ Er lächelte und zog den Sack wieder zu, warf ihn sich über die Schulter und wandte sich zum Gehen.
„Weihnachtsmann?“, fragte sie verstört.
Er blieb stehen und drehte sich noch einmal um: „Ja?“
„Du verarschst mich doch nicht?“
Santa schmunzelte aufmunternd: „Ich bin der Weihnachtsmann, Liebes. So etwas mache ich nicht.“ Mit diesen Worten war er fort. Zurück blieb eine verunsicherte Carmen, die nachdenklich das

Geschenk betrachtete. Das tat sie bestimmt über zwei Stunden, bis sie sich endlich dazu durchrang, es zu öffnen. Sie entfernte die Schleife, riss das bunte Papier auf und fand darunter einen Karton, den sie öffnete. Im Innern entdeckte sie eine bauchige Ampulle mit einer rotleuchtenden Flüssigkeit. Am Hals des Glases war ein kleiner Zettel, auf dem sie las: „Trinke das, der Weihnachtsmann!" Sie zuckte die Schultern und entkorkte es, dann schüttete sie sich den Inhalt in den Schlund. Sie schluckte ihn gierig herunter und rülpste vernehmlich. Plötzlich wurde es warm in ihrem Bauch – sehr warm. Es blubberte und sprudelte. Carmen ächzte und dachte: „Boah hey! Hoffentlich platze ich nicht …"

Doch genauso schnell wie es gekommen war, war es auch wieder fort.

Sie wartete weiter ab. Doch es geschah nichts mehr.

„Er hat mich also doch verarscht", dachte sie resigniert. „Dieser verdammte Weihnachtskasper!"

Deprimiert ging sie ins Badezimmer, blieb vor dem Spiegel stehen.

Potzblitz! Ihr Spiegelbild hatte sich verändert. Sie hatte nun lange, blonde Locken, eine Stubsnase und volle, rote Lippen. Ihre Zähne waren weiß und gerade. Ihr Busen war runder und größer, selbst der Nikotinfleck an den Fingern war verschwunden.

Fassungslos starrte sie in den Spiegel. Es dauerte rund eine viertel Stunde, bis es bei ihr angekommen war, dass es in der Tat sie war. Als sie es kapierte, stieß sie einen jubelnden Schrei aus.

Sie war schön! Ein Engel! Eine Traumfrau!

„Danke, Weihnachtsmann!", rief sie. „Du bist der Beste!"

In dem Moment klingelte an der Tür. Verdutzt ging sie hin und öffnete. Ihr Vater stand vor ihr, sah sie an, und seine Augenbrauen

senkten sich gefährlich. „Wer sind Sie? Was haben Sie mit meiner Tochter gemacht?“
„Aber, Papa“, sagte sie, „erkennst du mich nicht?“
Sie wollte ihm um den Hals fallen, doch er wich zurück.
„Wo ist meine Tochter?“ Er stürmte in die Wohnung, schien nach etwas zu suchen.
Verdattert stand Carmen im Korridor. „Aber … Papa …“
Er nahm sein Handy. „Ich werde die Polizei rufen. Denen können Sie erklären, was Sie mit Carmen gemacht haben.“
Die Polizei kam und nahm sie fest. Als sie dem Haftrichter vorgeführt wurde, verfluchte Carmen Weihnachten und den Weihnachtsmann. Man verhörte sie immer wieder und sie beteuerte, sie sei doch Carmen. Doch niemand glaubte ihr. Zugegeben, die Geschichte mit dem Trank war auch etwas abwegig.
Als sie in der Zelle saß und auf die tristen Mauern starrte, schwor sie sich; sie würde sich nie wieder etwas wünschen.

Notdienst

Dr. Bianca Ernst war Tierärztin mit Leib und Seele. Bevor sie ein Tier, und sei es noch so schwer erkrankt oder verletzt, einschläferte, versuchte sie erst alle Wege und Optionen. Sie wusste um das Band zwischen Tier und Mensch, um die Freundschaft und treue gegenseitige Fürsorge.

Es war Weihnachten, als sie vor dem Fernseher saß. Sie hatte keinen Lebenspartner, ihr Job und ihre Hunde waren ihre einzige Familie. Als sie an diesem Abend einen Anruf bekam, war das erst Routine, wie so viele Fälle zuvor auch. Ein völlig aufgelöster Mann rief in den Hörer: „Mein Hund ist verletzt! Er hat ein riesiges Loch in der Pfote und im Rücken! Bitte, Dr. Ernst, helfen Sie ihm!“ Der Unbekannte schien den Tränen nahe. „Er verliert sein Innenleben, Doktor! Jemand muss ihm ganz, ganz schnell helfen!“

Bianca antwortete überlegt: „Bringen Sie das Tier in meine Praxis. Ich werde ihn mir sofort ansehen.“ Dann gab sie dem fremden Anrufer die Adresse.

Der Fremde sagte mehrfach erleichtert: „Danke, Doktor“, „das werde ich Ihnen nie vergessen!“

Er verlor sein Innenleben? Das klang ja dramatisch. Sie hoffte, dem armen Tier helfen zu können.

Bianca hatte selbst zwei Hunde und wusste sehr wohl, wie wichtig den Menschen diese Tiere waren. Für viele waren sie die einzige Familie, die sie noch hatten.

Als sie an ihrer kleinen Praxis in Citynähe ankam, war der fremde Anrufer noch nicht da. Sie schloss auf, machte Licht und zog sich ihre sterile OP-Kleidung an. Gerne hätte sie

jetzt einen Abend vor ihrem Fernseher verbracht, mit einem Film, einem Glas Wein und ihren Hunden. Es gab Tage, da ging ihr alles auf die Nerven.
Und so ein Tag war heute …
Als sie Geräusche an der Tür hörte, ging sie zum Empfangsschalter. Dort stand ein Mann mittleren Alters. Seine Augen waren tränengerötet und seine Bewegungen hektisch. In seiner Rechten trug er eine Hundebox, die er mit zitternden Händen auf die Theke stellte.
„Er ist schwer verletzt“, schluckte der Mann.
„Ich werde ihn mir sofort ansehen“, sagte Bianca und sah den Mann an. „Wollen Sie mit nach hinten kommen?“
Er nickte fahrig.
Sie nahm die Box, wunderte sich über das geringe Gewicht, dachte dann an einen kleinen Hund und ging in den OP. Dort angekommen, wusch sie sich die Hände und zog sich sterile Handschuhe über.
„Es ist mir egal, was es kostet“, sprach der Mann todernst, „machen Sie ihn wieder gesund!“
Sie lächelte über die Schulter: „Machen Sie sich keine Sorgen. Das kriegen wir schon wieder hin.“
„Ich zahle jeden Preis“, schluckte er. Er schien wieder mit den Tränen zu kämpfen.
Bianca stellte die Box auf den OP-Tisch, öffnete sie und sah hinein. Zuerst dachte sie, sie sei in “Versteckter Kamera“. Verdattert sah sie zwischen der Box und dem Mann hin und her. Der Mann zitterte am ganzen Körper. „Und?“, fragte er besorgt, „können Sie ihm helfen?“
Bianca griff in das Innere der Box und zog den Hund heraus.

Es war ein einäugiger Plüschbasset und in seinem Rücken war ein riesiges Loch, aus dem die Füllwatte quoll. Auch an der rechten Pfote fand sie diese Beschädigung. Sie legte das Plüschtier auf den OP-Tisch und sah den Mann ärgerlich an. Zuerst war sie versucht, einen spitzen Kommentar abzulassen, doch als sie sah, dass er immer noch zitterte, kam sie ins Grübeln.

Dieser Fremde sah nicht so aus, als mache er schlechte Scherze, dafür war er zu fertig. Intuitiv sagte eine Stimme in ihr, dass sie diesem merkwürdigen Fremden helfen musste. Vielleicht auch deshalb, weil Weihnachten war …

„Wie heißt er?“, fragte sie beiläufig, während sie chirurgisches Nähgarn einfädelte.

„Flocky“, schluckte der Mann. „Ich habe ihn seit vielen Jahren!“

Sie wollte gerade mit dem Nähen beginnen, da sagte er: „Wollen Sie ihn nicht besser betäuben? Er ist sehr empfindlich!“

Bianca schüttelte den Kopf. „Das piekst nur ein bisschen“, erklärte sie und konnte selbst kaum glauben, was sie da sagte. „Er wird davon nichts merken.“

Dann nähte sie die Löcher geduldig zu. Als sie fertig war, nahm sie das “Tier“ hoch und sah es lächelnd an. „Sieht wieder gesund aus“, konstatierte sie. Vorsichtig legte sie ihn schließlich zurück in die Box.

Überglücklich sah sie der Mann an. „Was bin ich Ihnen schuldig?“

Bianca lächelte sanft. „Tun Sie was in die Kaffeekasse!“

Er zückte ein Portemonnaie und holte einen Geldschein heraus, den er in das kleine Plastikschweinchen legte, das für die Kaffeekasse herhielt. Er sah sie noch einmal dankbar an, sagte: „Sie wissen gar nicht, wie dankbar ich Ihnen bin!“ Dann ging er.

Nachdem Bianca die Tür hinter ihm geschlossen hatte, schüttelte sie den Kopf und lachte leise.

Nun ja, Tier ist Tier …

Über den Autor

Marcus Watolla, gebürtiger Gladbecker, ist gelernter Rechtsanwaltsfachangestellter und arbeitet aktuell im öffentlichen Dienst.

Marcus Watolla schrieb bereits als Kind, kaum, dass er schreiben konnte, Kurzgeschichten. Seine satirische Seite entdeckt er dabei schon früh und erfreute sein Umfeld mit lustigen Stories. Als mittleres Kind zwischen zwei Brüdern brauchte er diesen Humor auch …

Viele seiner Kurzgeschichten sind direkt aus seinem Leben gegriffen oder kommen dem sehr nahe.

Er schöpft aus so manchen Lebenssituationen die Ideen für seine Geschichten, einige sind original so wirklich geschehen, andere sind etwas überspitzt dargestellt. Viele seiner Protagonisten existieren in Wahrheit auch im Original.

www.marcus-watolla.de